西藏《チベット》系《けい》
出雲《いずも》族《ぞく》の伝説《でんせつ》

渡部秀樹
Hideki Watanabe

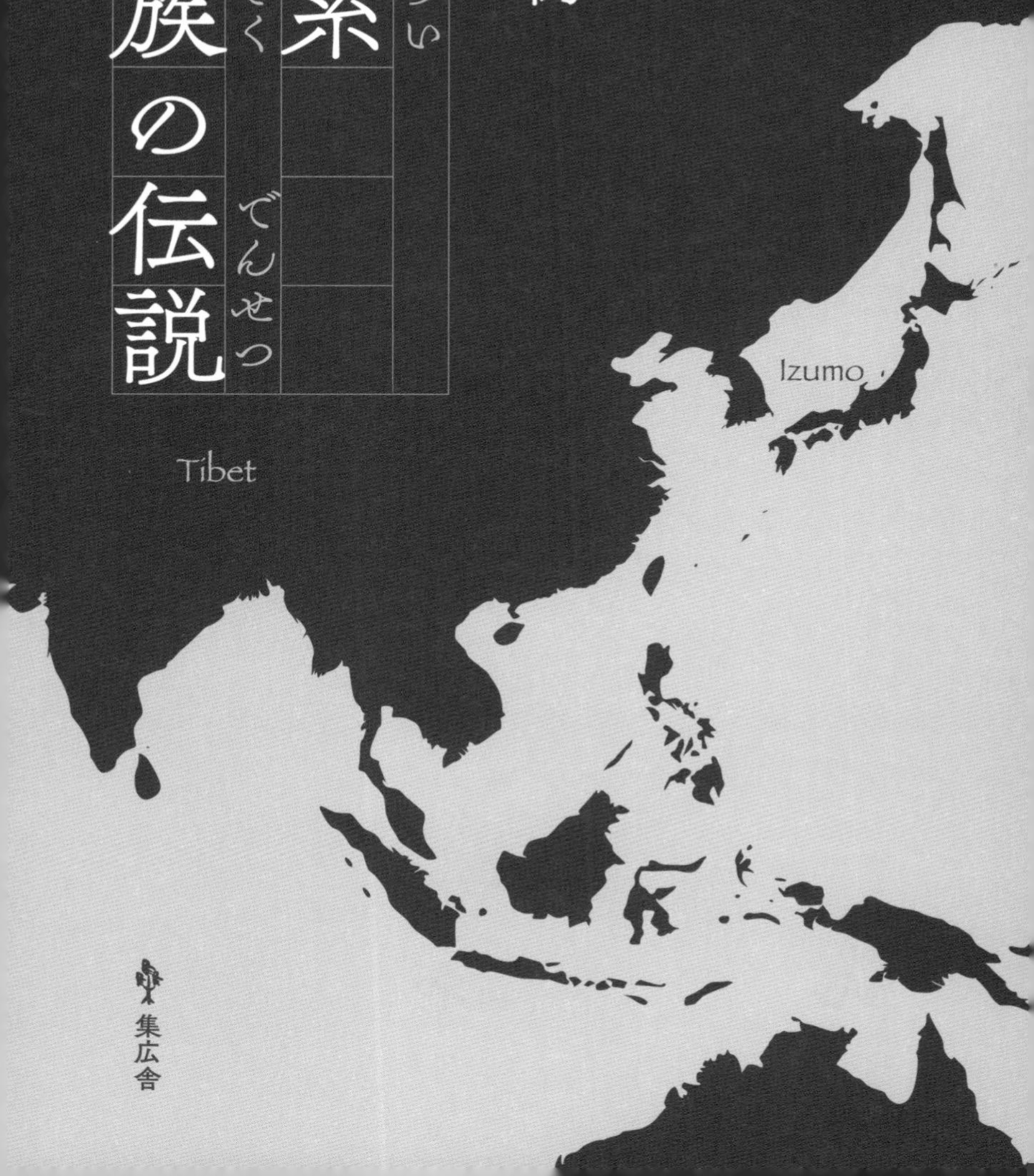

集広舎

チベット最大級のラグ氷河とラグ村（標高4100メートル）を望む

カトマンズ（インドラ・チョーク）の喧騒

ギャンツェのパンコル・チョエデ（白居寺）のクムブム（十万仏塔）

ラグ村の棚畑

山王寺の棚田（田植え）

ラグ村の親子

ラグ村の村人とラグ氷河

チベット高原から見たシシャパンマ北面とチベットノロバ（野生のロバ）

目次

プロローグ

偶然と必然、淘汰と進化

チベットの護法尊パルデンラモは「すべては縁起する」と説く

世の中は名もなき市井の人々の偶然の縁起で満ちている。無数の偶然の中から何かしら一筋の関係性へ繋がりが出てきた時に、それは何か不思議な力のようなものが作用しているかのように思え、これは必然なのではないかと考えてしまうことがある。

チベット（西藏）には「日本人・チベット起源説」なるものがある。日本《ニホン》をチベット語のニ・オン（太陽が来る）だとし、日本人の祖先はチベット民族が日の昇る地を求め渡ったのだという。また、チベットの旗「雪山獅子旗」は旭日旗に似たデザインが含まれ、制作に日本人が関わったというのもチベットでは知られている。これらのことを聞いたのはチベットに通うようになってずいぶん経ったころで、たまたま「チベット人はどうして日本人贔屓《びいき》なのか」という話題の中でチベット人の友人から出た話だった。一方、「出雲族の口伝」には祖先は「氷の高山の国」からやって来たという話があり、この偶然の伝説に不思議な縁を感じていた。

「偶然」に意味を見出したものを「必然」と呼ぶとするなら、あたかもそれは生命体がランダムに変化する中において、膨大な淘汰があって、わずかに適応し残ったものを進化という関係に似ているのかもしれない。チベット仏教的な考えでは、因果応報やカルマ（業）の法則から偶然と必然は表裏一体と捉えられる。カルマによって私を導いた先にあったのは出雲が象徴する「いにしえの日本」であり「出雲のえにし」であった。

これは私の偶然の縁による、出雲とチベットに関わる物語である。人生はたわいもない、ほとんど無意味な偶然に満ちているのだが、中には必然としか考えられないような繋がりや方向性をもたらす出来事もある。無名の庶民であっても、人生の一瞬に稀有な必然を経験することがある。それらは後にどんどん繋がっていって、その不可思議さを解明するよりも、ただそのまま受け入れ、何かによって一本の方向に導かれていたのだと考えた方が楽な場合がある。ただ、私はこの一連の出来事を整理できないまま、語るべきか、どうしたものかと悶々とし、いたずらに時間だけを浪費しながら生きてきたのだと思う。出会ってきた関係者に迷惑が及ぶのではないかという心配もあり、また、門外不出らしき我が出雲族の口伝にも触れなければならない。そういう意味ではすっきり熟慮断行でのことではない。しかし、さすがにもう語らなければ、時の流れの中で埋没してしまい、再発掘が困難となり、ひいては登場してくる人物、出会ってきた関係者にも申し訳ないと思うようになってきたのだ。

私の幼少期の出雲での体験、青年期からの世界各地、ことにチベット文化圏での体験は、もはや後戻りのできない幻の世界に急速に埋没していく。個人的にも世界的にも、人間社会、伝統文化の変化が加速的に進み、ついこの前まで当り前でありふれていた光景が、忘れ去られた歴史の欠片となっていく。明治生まれの私の祖父母の何気ない言動の記憶は、もう私の子供たちの世代には共有されることはない。

そして何より、出雲とチベットの稀有なこの物語は、記録に残しておく価値があるのではと、重い腰を上げることにした。ただ断片的で不明瞭な記憶も多い。何より私の根気が続くかという心配もあり、暗中模索で語ることになるだろう。

『六道輪廻図』チベットの寺の入口には必ず描かれ、縁起についても教える
（亜丁の貢噶朗吉嶺寺にて）

大乗仏教の祖とされる龍樹（ナーガルジュナ）は「いっさいは空である」（物事には実態はない）と説いた。それは「縁起によって成立しているものだから」という。物事は生じては滅していて固定普遍の実態というものはない。ただ関係性によって成り立ち、あたかも存在しているかのように見える。この物語も関係性によってのみ成立したものだから諸行無常で、今後も縁起を続けていくかもしれない。

それでは私の記憶の中にある「西藏系出雲族の伝説」の縁起の旅に出かけよう。

渡部秀樹〔チベット通称・辺巴秀《ペンパ・ヤクドゥ》〕

クーンブから チベット探査への道のり

チベット未踏の地へ

植村直己『青春を山に賭けて』

1984年1月、デナリ（マッキンリー）出発直前の植村直己さん。登山基地・タルキートナの飛行場で（写真提供：大谷映芳さん）

一九八四年の暮れ、僕はヒマラヤ遠征隊に参加し、ネパールのクーンブ地方、通称エベレスト街道を歩いていた。当時の有名な冒険家、植村直己さんがアラスカのマッキンリーで冬季単独登頂に成功した後、消息不明となった年のことだ。

この年の夏、当時愛読書だった植村直己『青春を山に賭けて』（文春文庫、一九七七年）に影響を受けて、僕は念願の初海外登山としてスイス、フランスに渡り、ヨーロッパ・アルプスの山々を登っていた。シャモニやツェルマットの山中で欧州の登山家と顔を合わせ、日本人だと見ると、やたら「ジャパニーズ・ウエムラ」と声をかけられたものだ。マッキンリーで後消息不明となったことはこちらでもニュースになっていたのだろう。山小屋で同宿したヒマラヤ経験のあるスイス人登山家が「日本人とチベッタン・シェルパ族は顔が似ている、ウエムラはチベットがルーツか？　それともイヌイットか？」と嘲笑するように聞いてきた。その時、植村さんが日本人の中でも特にモンゴル系チベット顔なだけだろうと思ったことを覚えている。この頃、海外登山で東洋人はまだ少なく、東洋人と言えば日本人の時代だった。そしてこの冬、僕はネパール・ヒマラヤに渡った。そこでチベット系民族であるシェルパ族と初めて接したとき「本当に日本人そっくりだ」と思う出来事があったのだ。

1984年スイス・グリンデルワルトにて

スイスの山小屋で山岳兵たちと（1984年）

エベレスト街道を進み、ナムチェバザールから富士山の高度を越えローツェとヌプツェの奥に世界最高峰エベレストが顔を出すタンボチェに着いたとき、軽い高度障害があった。ヨーロッパで四〇〇〇メートル超の山々を経験しているという油断があった。興奮と共に最年少隊員として元

カトマンズの喧騒（インドラ・チョークにて）

気があるところを見せようと、下界と変わらず動きまわった。おまけに地元の小僧たちと仲良くなり、小雪舞うタンボチェ僧院の前の広場でサッカーのまねごとをして息を切らせたりした。

ヒマラヤのこのクーンブ地方に入るまでのネパールの首都カトマンズでの滞在は刺激的だった。往年のヒッピー街道から混沌とした中世の異国に紛れ込んだかのようであった。人混みの中に突然巨大なインド象が現れ、野良牛が道をふさぐ非日常的光景。バザールの店は薄暗く香辛料に糞尿や排水の匂いが混じり何ともエキゾチックな体験であった。ただ、なんとなく精神的には同調できない違和感も覚えていた。それに比べてヒマラヤ山中に入ると、ヒンズー教文化圏からチベット仏教文化圏に変わり、懐かしい日本の故郷の山村にいるような心地良さを感じていた。

世界最高峰エベレストが顔を出す（タンボチェ近郊からの眺め）

しかし、標高四二〇〇メートルの最奥の村ペリチェでのテントの夜、体調を崩した。冷え込みとともに悪寒を感じ、夕食のダルバートの香辛料の臭いが口の中に反芻してきた瞬間、頭の中がカトマンズの不条理な世界に引き戻され嘔吐した。高山病だ。ダウンシュラフにもぐり込んだが、呼吸が苦しくなり、動脈が破裂するのではないかと思うほど心臓の鼓動が体中に響いている。いくら呼吸をしても酸素が肺の奥まで届いていないのがわかる。シェルパ頭のラクパがテントに入ってきて、脈を観ていたのは覚えているが、やがて意識を失ったようだ。

視野が極めて狭くなり上下の無い暗いトンネルの中で、えっほ、えっほ、と揺れていた。自分では十八歳の時の、日本橋から京都三条まで東海道五十三次を五〇〇キロメートル歩いたコースを、なぜか早籠で逆走させられているのだ

チュパとパンデン姿のチベット女性

ろうと思った。あまりに揺れが辛いので自分で歩かせてくれと喚いていた。「そっちじゃない、ベースキャンプに戻ってくれ！」

気が付くとプンキ・タンガという標高差で一〇〇〇メートル程下の村に担ぎ下ろされ、シェルパ族の民家に運ばれていた。口には登山用の酸素マスクが付けてあり、口元で自分の息の水蒸気と冷ややかな人工的な酸素の味が混じりあっていた。夢の中で、カトマンズのバザールで見た円形と正方形が組み合わされたマンダラが現れ、巨大になったり細微になったりを繰り返していた。ああここで死ぬのだなと思った。そしてまた深い無意識の中に落ちていった。

お香の落ち着く香りがする。生きていた。夜は明けたものの、この深い谷にはまだ陽がとどかず暗く、石と土壁の家は底冷えしていた。意識が朦朧《もうろう》とする中、寝床から土間の台所が見えた。校倉造りの隙間から朝日がかまどに斜めにさして、光線の中で湯気がゆっくり踊っている。その逆光の中から初老のシェルパニ（シェルパ族の女性）が出てきた。白髪がまだらに混じった長い髪をあげて一本に絡めている。チュパと呼ばれる日本の着物に似た服の上に、パンデンという短い毛織物のチベッタン・エプロンをしている。安堵と挫折、夢と現実が交差するような意識の中で、何故か幼いころの出雲地方の祖父母の家にいるかのような錯覚に陥っていた。シェルパニが僕の額に手をあてていたからそう思ったのかもしれない。手のひらは野良仕事のせいか固く、深いしわの感触が額まで伝わってくる。僕は祖母の手のひらを思い出していた。祖母は掘ゴタツに炭火を入れる時、真っ赤に燃えた熾《おき》を素手で掴んだりすることがあった。幼い僕が熱くないのかと尋ねると手を握り「おばばの手は皮が厚いけん大丈夫だわね」と笑っていた。三年前に亡くなった大好きだった祖母の葬儀には山に入っていて帰ることができなかった。その罪悪感が病の朦朧とした意識の中で浮かんでは消えるのを何度も繰り返し、その都度寝返りをして悶えた。

幼いころ祖母に看病してもらったことがあったのかもしれない。僕には二人の出雲のおばばがいた。父方、雲南の祖母と、母方、安来の祖母だ。どちらも明治の生まれで、出雲地方のそれぞれ同じ地域内から嫁いで来ている。雲南と安来では同じ出雲弁でも微妙に異なり、僕は双方の出雲弁を聞いて育った。どちらのおばばの言葉もおおらかで優しく、寛容な心に満ちていた。

安来のおばばは鶏をたくさん飼っていた。おばばとの最初の記憶は、幼児の僕がリヤカーのままのせられ、安来の街まで卵を売りに行った時のことだ。青空市場のようなところでリヤカーのまま卵を並べるとあっという間に売れた。おばばの卵はきれいで大きくて人気だと周りの大人が話していたのを覚えている。菜っ葉を刻みトウモロコシや貝殻を砕いて餌に混ぜ、毎日鶏の世話をしているおばばの姿を想った。リヤカーでの帰り、僕は真ん中にでんと座り自侍の気持ちに満ちていた。

雲南のおばばは女傑といった感じの人だった。どんな苦労も前向きにおおらかにさばくことで、親族や地域の人たちに頼りにされていることが子供ながらにわかったし、僕もおばばの大きなふところとユーモアが大好きだった。日本昔話に出てくるおばあさんは、当時の出雲のおばばと違和感はなく、まだそのまま継承されているような時代だった。

陽が高くなったころ僕は回復した。後で想うと、この状態はまさに生死の境だったようだ。当時ヒマラヤでは知識や経験不足により高山病で亡くなる人が頻発していた。看病してくれたシェルパニはドルマという名で、まだ五十歳前後であったが、日本人よりかなり老けて見える。ちょうど僕が幼少期の六十歳代の祖母の印象だった。顔も姿も当時の出雲のおばばにそっくりなのだ。御礼を述べ、あなたは故郷の祖母にそっくりだと言うと、あなたもチベット人にそっくりで息子のようだよと笑った。だから僕のチベット人の第一印象は明治の出雲人といったものだった。そしてこの第一印象は僕のチベット人観の基礎となった。

この遠征後、僕は漠然と禁断のチベット本土に行ってみたいと思うようになった。チベット本土とはウ・ツァン、カム、アムド地方のことで、現在の中国の行政区ではチベット自治区、青海省と甘粛省、四川省、雲南省内の各チベット族自治州を指す。当時チベットはまだ半分鎖国のような状態であった。一九七八年まで中華人民共和国は「竹のカーテン」と呼ばれる鎖国状態だったが、鄧小平政権下で改革開放政策が始まると、登山隊や調査隊が、中国との共同調査を条件にこじ開けるようにチベットの入域を開始した。

チャンスは意外に早くやってきた。ヒマラヤ遠征から帰国した一九八五年、中国のチベット自治区ラサからネパールのカトマンズの間の中ネ公路が開通し、外国人に開放されたのだ。それとともに中国の辺境地の一部が外国人に開放されていき、日本からいくつかの視察団が組織された。その中の調査隊に偶然参加することとなったのだ。ここで僕はフィールドワークの基礎を学ぶことになるのだが、この一九八五年の雲南省調査隊参加から、二〇〇五年まで続いたヒマラヤの東・カンリガルポ山群調査隊までの、チベットへの道のりについては、単行本の中にまとめられている。

松本徰夫編著、辻和毅・渡部秀樹著『ヒマラヤの東 崗日嘎布山群《カンリガルポ》——踏査と探検史』（櫂歌書房、二〇〇七年）の中に、本編の前に書かれた調査隊までのイントロがドキュメンタリー風に書かれている。自分で言うのも気恥ずかしいが、私の探検的思考の形成や、その後の出雲編フィールドワークに繋がる片鱗も、客観的に垣間見ることができると感じたので、少し長くなるが引用する。

なお、崗日嘎布《カンリガルポ》山群とは、ヒマラヤの東の東南チベットにあり、ヒマラヤ山脈の東端とされるナムチャバルワ（七七六二メートル）のさらに東から、ミャンマー国境に向けて南東に伸びる全長約二八〇キロメートルの山脈である。日本山岳会福岡支部は当時まだ未探検地域であったこの崗日嘎布山群で、地理的解明を柱とし総合的な調査を二〇〇一年（第一次）から二〇〇五年（第五次）まで続けた。

『ヒマラヤの東 崗日嘎布《カンリガルポ》山群——踏査と探検史』
【渡部の照葉樹林文化論から続く崗日嘎布思考】より

崗日嘎布《カンリガルポ》山群調査で渡部は、立案時から現地の許可取得をはじめ、現地交渉、手配関係を担うことになった。渡部はトレッキング旅行エージェントに勤務していたので、その仕事柄、世界中の山岳・辺境地を実際に訪れ、研究・実践することのできる恵まれた立場にあった。一九八〇年代からネパール・ヒマラヤ、カラコルム、チベット、中国雲貴高原、ミャンマー、ヨーロッパ・アルプス、カナディアンロッキー、ニュージーランド、アラスカ、南米、北欧、ロシア、アフリカなど、世界中の山岳地を訪れ、登山やトレッキングを実践してきた。

渡部が「フィールドワークの理論と実践の基礎を学んだ」のは照葉樹林文化を考える会主宰の一九八五年「中国雲南省・照葉樹林文化を探る調査団」だという。のちに松本徰夫の書『山・探検・フィールドワーク』（玉川選書、一九七八年）に感銘し、松本と行動を共にするようになる。それは、松本や後述する上野登氏にも共通する、京都大学、今西学派からつながるパイオニア・ワークを目指そうとする姿勢に、大きな影響を受けたのである。その崗日嘎布探検に至る足跡を追ってみる。

「照葉樹林文化を考える会」

一九八五年七月、渡部は上野登氏（当時宮崎大学教授、同山岳部顧問）から、突然相談をもちかけられた。中国雲南省に照葉樹林文化を探りたいが、中国側との共同調査を交渉するには時間がないため観光許可で訪問できないか、というものであった。上野氏は専門である経済地理学の研究調査において、ネパール・ヒマラヤでは観光（トレッキング）名義で入国し、実績をあげるという方法で調査を行ってきた。その経験から、開放されたばかりの中国においても短期間で成果をあげるには、観光許可で入国する方が有利ではないかと考えたようだ。渡部はさっそく一般的にはまだ未開放地であった中国雲南省の山岳辺境地の特別許可を取得し、そして、一九八五年九月に「中国雲南省・照葉樹林文化を探る調査団」とともに渉外役として訪中した。この調査団の構想は壮大なものであった。

話は一九六八年までさかのぼる。当時、宮崎県綾町の町長、郷田実氏は町の森林伐採の問題で

「山を残すか、雇用を選ぶか」で選択を迫られていたという。そんなとき町長は一冊の本、中尾佐助著『栽培植物と農耕の起源』（岩波書店、一九六六年）に出会った。そして、その本の中に説かれる「照葉樹林文化論」が綾町の運命を変えることになったという。

照葉樹林文化論では、日本の生活文化の基盤をなす主な要素が中国雲南省を中心とする東亜半月弧に集中するとして、類似した文化の広がる地域を照葉樹林文化圏とした。照葉樹林は西日本から華南、雲南、チベット・カム、ブータン、ヒマラヤに広がる植生である。この地域に住む民族の文化要素には、森林や山岳と良く結びついたものが多い。根栽類の水さらし利用、絹、焼畑農業、陸稲の栽培、モチ食、麹酒、納豆など発酵食品の利用、鵜飼い、漆器製作、歌垣、お歯黒、入れ墨、家屋の構造、服飾などが照葉樹林文化圏の特徴として挙げられる。照葉樹林文化論を肉付けする形で稲作文化や畑作文化なども考証されている。

結果として「照葉樹林の山を残す」ことを決断した綾町は、照葉樹林文化論者と連携することになり、上山春平氏（京大人文研究所）や今西錦司氏らからの助言を参考にし、一九八五年三月「照葉樹林都市宣言」を発表した。宣言の要旨は、「照葉樹林を保護し、日本文化の基層をなしている照葉樹林文化の伝統的様式を保存し、現代に生かすよう努力する」というものである。それを受け「照葉樹林文化を考える会」が組織された。

そして一九八五年九月、「考える会」は、照葉樹林文化を伝承しているとされる中国雲南省を実際に訪問し、「照葉樹林都市宣言」を実践するための方法を模索することになった。調査団は地理学、植物、文学、建築の学者、陶芸家、日本画家、写真家、町職員、報道といった団員で構成され、その調査目的も総合的視野で多岐に渡っていた。

この調査団の渉外を任された渡部は、各専門家のそれぞれのフィールドワークの実践方法をまのあたりにした。特に上野登氏の「疑問⇩仮説⇩観察⇩仮説の組み直し⇩検証⇩結論」といった実践方法に大きな影響を受けた。そして、観光の入域許可でも、やり方によっては大きな成果があがることを実感したのであった。

この旅で、大理古城の西に連なる大理石の山、蒼山が「横断山脈」と呼ばれるヒマラヤに続く山域の南端であることを知る。また、麗江を訪れた際、玉龍雪山（五五八六メートル）が当時未踏峰であることに驚いた。ヒマラヤのほとんどの高峰が登られている時代に、未踏峰が残る横断山脈の未開性を実感したのである。そして、この麗江の西北には、雲南省最高峰の未踏峰、梅里雪山があり、さらに西に行くと三江（長江、メコン、サルウィン）併流地域から山脈が、まるでイチョウの葉脈のような形で形成され、ヒマラヤやチベット高原へ連なって広がっていることを知る。この時、雲南から果てしないチベットへと夢は広がっていったのである。

その後、この調査団は三次にわたり行われ、雲南省から、貴州省、四川省、広西壮族自治区、湖南省へと広がっていった。そこでは、母系社会を構成していた濾沽湖畔のモソ人をはじめ、多種の少数民族の伝承文化を見聞し、専門家の人たちとフィールドワークを重ね、その実践方法を体得していった。そして、横断山脈からヒマラヤに続く地域への憧憬の念を深めるばかりであっ

1986年のラサ、ポタラ宮殿前

た。また、この調査隊では中国の同じ年の友を得た。大連外大出身の国選通訳で徐健という。彼もまたこの調査隊に関わったことで人生が大きく動き、後に九州大学で少数民族研究者となり、今でも渡部とは親友として交流している。

「探検的山旅思考」

渡部は就職と同時に、海外遠征経験が豊富な山岳会「福岡登高会」に入会した。登高会には一九七七年の日本山岳協会K２登山隊の隊長を務めた新貝勲会長（当時）をはじめ、カラコルム、ヒンズークシュに精通する会員が多くいた。その関連もあり、一九八〇年代の後半はカラコルム方面に業務で赴くことが多かった。その他にも得意としていたヨーロッパ・アルプスや、ネパール、カナダをはじめ世界中の山岳地域を

1986年のギャンツェの街

仕事で廻った。

渡部が業務で訪れた探検的な山旅を一部あげてみる。一九八五年十二月ビルマ・パガンの古代遺跡の頂上からイラワジ川と夕日を眺め、チベット国境に思いを馳せていた。そしてこのことは、奇しくも後にカリンガルポ調査隊で一緒になる松本や辻と同じ場所で同じ思いを感じたことに、不思議な因縁が感じられる。

一九八六年八月、開放されて間がない中国ネパール公路を、ラサから国境を越えてカトマンズまで走破する旅を成功させた。この時がはじめてのチベット自治区入境であった。当時は東北大学西藏学術登山隊の人文班（色川大吉、山折哲雄、奥山直司氏ら）が同ルートを辿った直後にあたる（色川大吉、一九八八年）。このとき、五体投地をする巡礼者によってまきあげる砂埃に煙るポタラ宮殿を、巡礼者とともに見上げた渡部は、ついに禁断のラサにやってきたぞ、と感慨無量であった。当時は一部の欧米人を除けば、地元の人か巡礼者しかポタラ宮殿の前には存在していなかった。日本人はまだほとんど訪れておらず、中国人の観光客は皆無の時代であった。この旅ではチベット高原を走破して多くのものを見聞したが、そのひとつに、ギャンツェのパンコル・チョエデ（白居寺）のクムブム（十万仏塔）といわれる大塔に心を奪われた。偶然同宿となった東北大学西藏学術登山隊の奥山直司氏によると、この大塔自体が巨大なマンダラを形成しており、巡礼者は時計回りに巡回しながら上層へと進ん

ギャンツェのパンコル・チョエデ（白居寺）のクムブム（十万仏塔）

1987年カシュガルから国境を越えてパキスタンへ

1987年中国・パキスタン国境付近

グリーンランド氷床セラック帯を行く

でいくことで、釈迦牟尼像からはじまり、密教の教えの大要を体得できる仕組みになっている。このときの体験がチベット仏教への漠然とした興味につながっていった。

翌一九八七年四月、こちらも開放間もない中国パキスタン公路を新疆ウイグル自治区のカシュガルから国境を越えてパキスタンのイスラマバードまで走破する旅を成功させた。シルクロードの一部を走破し、中国辺境地の旅行運営に関し多くの実践的体験をした。

そして同一九八七年七月には横断山脈・邛崍山群の最高峰・四姑娘山《スークーニャン》山麓に入り、初登した同志社大学登山隊の助言により、大姑娘山《ターグーニャン》（約五〇〇〇メートル、中国登山指南、一九九三では五三五五メートル）の公募登山隊を登頂に導いた（山岳年鑑、一九八七年）。その後開かれたエリアになったが、当時は登山ルートが確定しておらず、地形を見ながらのパイオニア的な登攀が魅力であった。大姑娘山頂から眺めたミニヤコンカ、さらに西に広がる横断山脈の山々には無限の可能性を感じていた。

その後もチベットや横断山脈の経験を重ね、一九九六年には世界最高峰、福岡チョモランマ登山隊（池辺勝利総隊長）にマネージャーとして参加した。このようにして渡部は「照葉樹林文化を探る調査団」から学んだフィールドワークの基本と、業務で山岳辺境地の実践を積み重ねるにつれ、「探検的山旅」という思考を持つようになっていった。

一方、福岡登高会では新貝勲、中村哲医師、深田泰三、池辺勝利、大石義豊、山嵜直也氏らの独創的な精神に影響を受け、「探検的山旅」の実践を行ってきた。海外トレッキングがブームとなる中にあって、情報の少ないところ、より人の行かないところを求めて、大石義豊率いる福岡登高会海外遠征の立案、手配、渉外を実行していった。パキスタン・ナンガパルバット、パスー、ガンバールゾム遠征、南米・アコンカグア登山、マウントクック登山、グリーンランド氷床踏査、カムチャッカ半島最高峰・クリチェフスカヤ火山登山、アリューシャン列島・マクシン登山、ウガンダ・ルウェンゾリ登山と、海外登山としてはマイナーな地域を好んで実践していったのである。

『ヒマラヤの東 崗日嘎布山群――踏査と探検史』

このような経緯のなかで、松本徰夫との出会い、意気投合があり、踏査の空白地帯であった崗

カンリガルポ山群、ヒョン峰山頂から望むラグ氷河とドジザンドイ峰

日嘎布山群へと思考はつながっていくのは、ある意味で必然的なことであったともいえよう。

※松本徰夫編著、辻和毅・渡部秀樹著『ヒマラヤの東 崗日嘎布山群——踏査と探検史』（櫂歌書房、二〇〇七年）第一部・第Ⅸ章から一部抜粋

以上、東チベット・崗日嘎布山群調査に至るまでの経過を引用した。

カンリガルポ山群は東南チベットにあり、ヒマラヤ山脈の東端とされるナムチャバルワ（七七六二メートル）のさらに東から、南東に向けて伸びる全長約二八〇キロメートルの山脈である。六〇〇〇メートル以上のピークが三十座近くあり、五〇〇〇メートル以上のピークは相当な数に及ぶ。西端はポミ（波密）県のポーロン・ツァンポ（河）がイゴン・ツァンポと合流し九十度、さらにロンチュ（魯郎曲川）と合流し九十度と反時

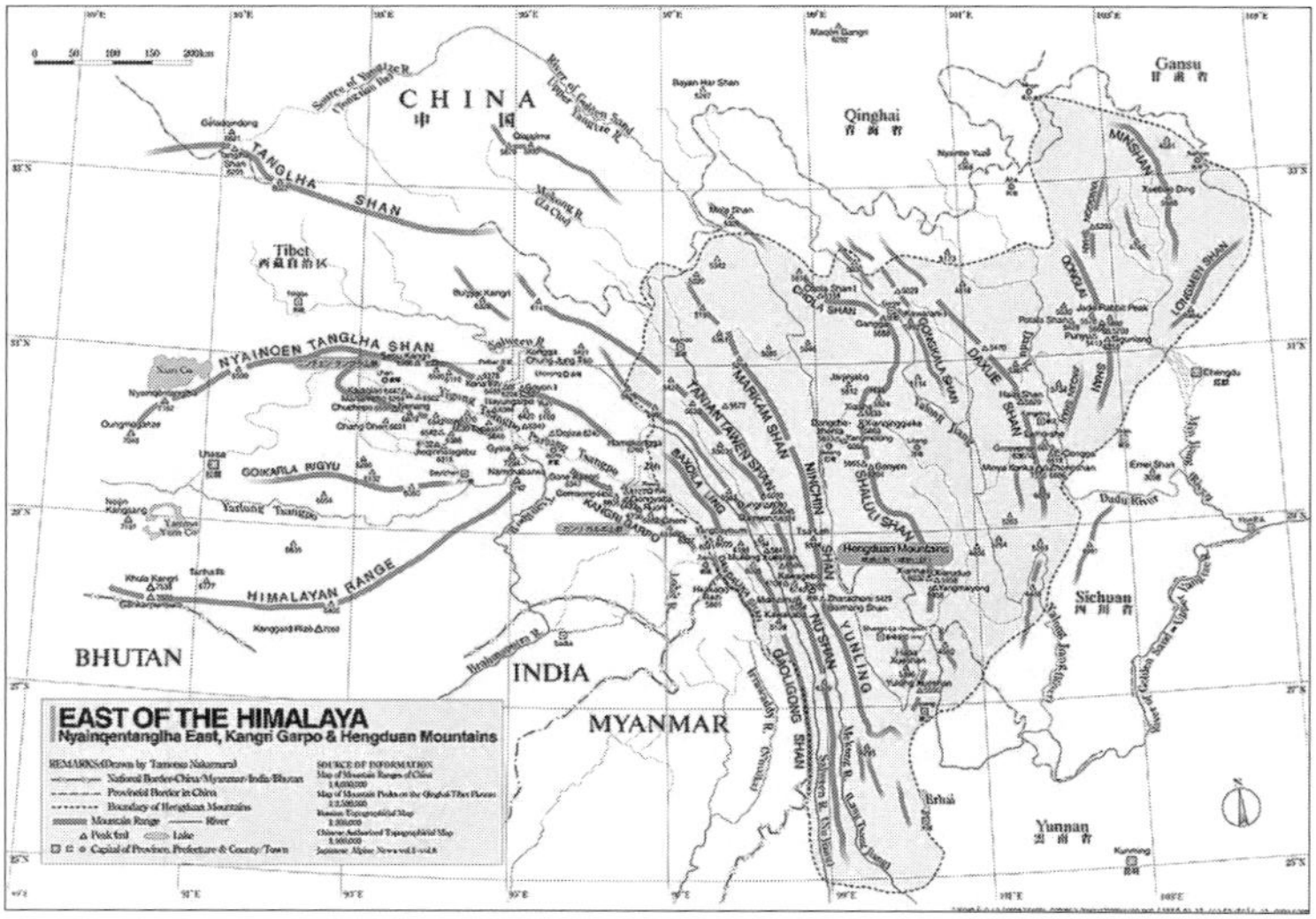

横断山脈からカンリガルポ山群までの地図（広域位置図）

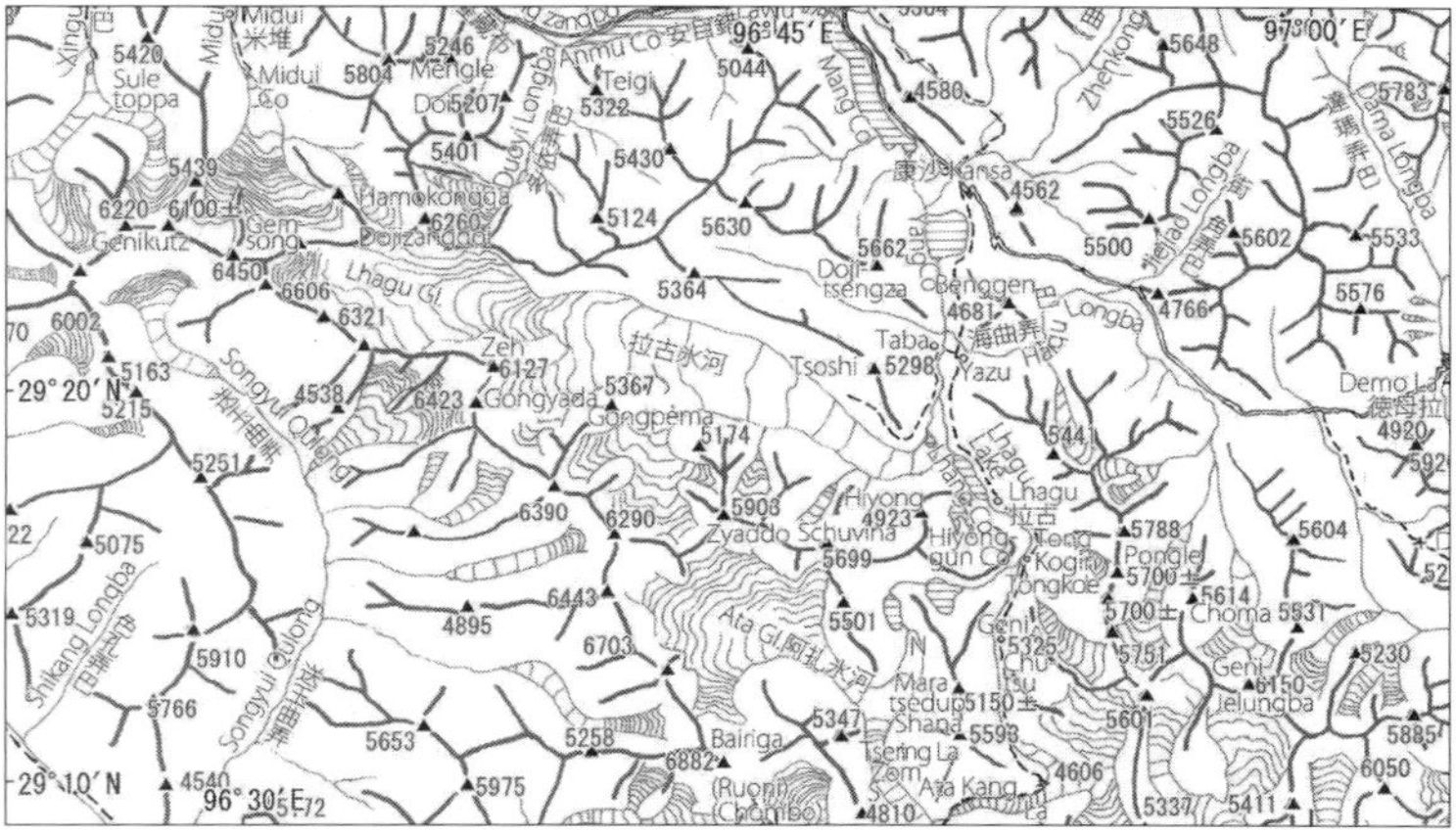

Main Area of Kangri Garpo Renge　Compiled by Yukio Matsumoto (Aug. 2006)

崗日嘎布山群主要域（松本徰夫編図）

0　10km

カンリガルポ山群の地図（核心部）

カンリガルポ山群東端の6327メートル峰の実在を確認した初めての写真

計回りに角度をかえながらヤルン・ツァンポに注ぐ奇異な地形の部分で、谷底の標高は約二〇〇〇メートルまで下がる。ラサからカンリガルポ西端までは直線で東に約四〇〇キロメートル、車道に沿うと約五五〇キロメートルの距離である。東端はザユール（察隅、ザユイ）県のサンチュ（桑曲、ロヒト川の上流）が南から西に流れを変えるあたりで、ラサからの直線距離は約六五〇キロメートル、成都からも約六五〇キロメートルの地点で、どちらの都市からももっとも離れた位置にある。カンリガルポ山群の東には横断山脈があり、東に行くにつれ山脈は南北方向に変化してゆく。

最後の秘境といわれるヤルン・ツァンポ大屈曲部とサルウィン川の間に位置し、この間にはヒマラヤから続く主稜を南北に越える川は存在しない。カンリガルポ山群がヤルツァンポの東進を阻むかのような障壁となっており、大屈曲部の謎とカンリガルポ山群との関連性は注目すべきであろう。つまりヤルン・ツァンポとサルウィン水系がカンリガルポを避けるように湾曲している。松本によると、この地域はプレート移動と地塊ブロック運動による造山活動、さらに大河の侵食が時間的に複雑に作用していると予想され、一元的な論理では説明できない地域のようである。また、ベンガル湾からの湿った空気がミシミ丘陵を越えて流れ込むため大量の降雪があり、巨大な氷河と急峻な山峰群を形成するとともに、山麓に大森林帯を育んでいることが特徴である。

2004年11月19日(金) 西日本新聞夕刊

6327メートル無名峰確認

チベット秘境の謎解明へ

カンリガルポ山群

福岡隊が外国人初

急しゅん、未踏の地残す

西日本新聞の記事

　この調査隊では、山群全域における山名調査、山座同定などの地理的解明を柱とし総合的な調査を行ってきた。この山群の南面はインド、ミャンマーとの国境に隣接しており、地理的、軍事的理由で入域することが困難であるため、おもに北面から多数の谷を広範囲に調査を重ねた。五次の調査において山名確認と山座同定ができたピークは約四十座、走破した走行距離合計は約一万二〇〇〇キロメートルに及んだ。

　未知の谷から南面に越える峠の存在をいくつか確認し、チベット最大のラグ（拉古）氷河上流部が望まれる未踏峰に登頂し、地図上にない山上湖も発見した。世界で初めて東端の未確認峰の実

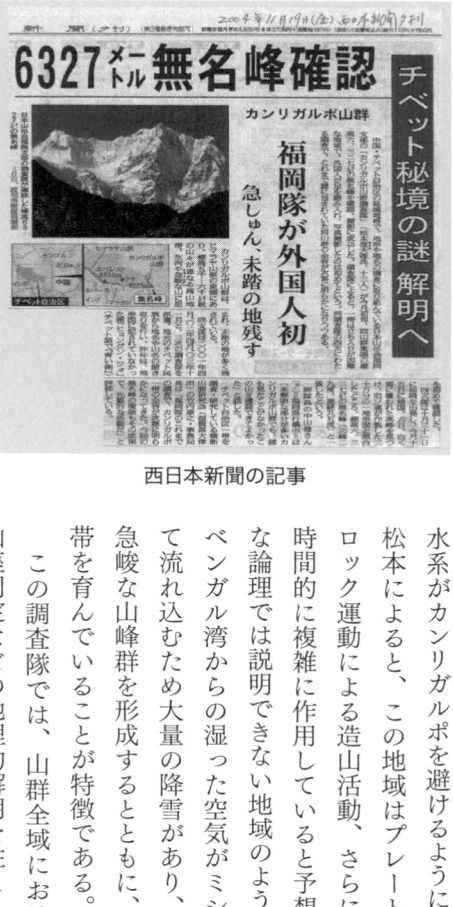

在を確認し写真撮影に成功し、過去の探検家の間違いを検証するなど多くの成果があった。カンリガルポという未探検域をフィールドとして選択したことは幸であった。調査を重ねれば重ねるほど新たな課題に突きあたり、好奇心は広がるばかりでまさに「幸せな探検」だと言えよう。

奥地の村々での滞在は楽しい体験だった。最初は警戒していた村人とも、通ううちに自然と交流が深まっていった。川魚の採取に協力しキャンプに焚き木を運んでくれた少年がきっかけとなり、村人総出でハレの日用の民族衣装自慢大会になった村、山峰地図製作のための山座同定の測量を手伝ってくれた遊牧民、祭りに招待され踊り明かした山村の夜、など言葉の壁を乗り越えて心が通じるようになっていった。

ラグ村の女性たち

ラグ村の子供たち

村人に迷惑が及ぶので特定して書けないことが多い。この時期中国では西部大開発の号令のもとに、僻地の村の強制移住や、道路建設、幹線沿いの新村開発と漢族の流入など、強引な大開発の手がチベットの奥地にも伸びはじめていた。外部と閉ざされ、チベット仏教に根ざし神の山を崇めながら過酷な土地を代々切り開き、何百年も自給自足で暮らしていた村人が、市場経済や大開発のうねりに巻き込まれて翻弄される様子を見た。チベット人にとって土地を離れるということは、土地の産土神を捨てることで、もう二度とその地の神のご加護はなくなるのだ。そして神山の存在も、神山の名も永遠に埋没して行くのである。そこには強引な善意の押し付けがあり、「信仰は迷信だ」という唯物史観と近代化の暴力が横行した。いきなり時代が大きく動いていた。折しもぎりぎりの状況で地理的解明と人々の伝統的な思考、暮らしぶりを見聞し記録することになった。

調査を重ねるうちに私はとても厄介な問題に直面することになった。それは、チベットにおける聖山、神山の問題である。登山隊など外部の者と地元の伝統を重んじる人々との間に度々発生する信仰上のトラブルについて、どのように対処するべきかと考えるようになった。そしてそれは同時に、故郷を捨て、離れた自分が、出雲族としての伝承をゆっくりと絶やしつつある世代かもしれないということに気付くきっかけにもなった。

チベットに勾玉がある？
勾玉とチベット天珠

玉造にある玉作湯神社の神紋

「チベットに勾玉があーげななあ」

チベットから戻り、出雲に里帰りしたある正月だった。この時の情景はよく覚えている。父が御年酒の屠蘇盃を家族に回した後、正座からあぐらに座りなおしながら唐突にそう言ったのだ。我が家では正月に家族がそろうと、家長である父の年頭のあいさつの後、年少者から順に杯を回して厄を祓う儀式があった。父曰くこれは昔の本家の形を簡略化したものだという。ちょうどローカルテレビに勾玉が映っていた。父がそれを見て、うつろな表情でそう発したのだ。この正月の直前に東チベット山岳調査隊から帰国したばかりの私は、「チベットに勾玉？？？　聞いたことないけどなあ？」とだけいいかげんに返事をした。しかしその時、得体の知れない感覚がこみ上げてきた。何かこの話、前にもどこかで聞いたような……。この時のデジャヴ感、既知感は激しいもので、もし、この時この感覚がなかったならこの物語はこれ以上詮索されることはなかったかもしれない。それは祖父が勾玉について重要な事を私に話そうとしたことだ。それを関連して思い出したのだ。しかし、この時は久々に集まった家族恒例のにぎやかな宴会が始まり、記憶の詮索は途切れた。

勾玉《まがたま》は曲玉とも書き、祭祀に用いられた古代の日本における装身具である。勾玉について研究した総合的な単行本は多くはない。私が知る限り、水野祐著『勾玉』（学生社、一九六九年）が唯一の書ではないかと思っている。勾玉は胎児や生命の根源を彷彿させる形だが、語源は単純に「曲っている玉」から来ているという。縄文時代の遺跡から発見されるものが最も古く、朝鮮半島へも伝播し、紀元前六世紀から三世紀初頭の無文土器時代には天河石《アマゾナイト》製の勾玉が見られる。縄文中期にはC字形の勾玉が見られ、後期から晩期には複雑化し、材質も多様化していったらしい。縄文時代の勾玉の大きさは、比較的小さかった。弥生時代中期に入ると洗練された定形勾玉と呼ばれる勾玉が作られ始めた。古墳時代頃から威信財、すなわち権力を象徴する財物として、首長などが贈与・交換を通じてその地位を確認し、かつ相互関係を取り結ぶ役割を負うようになったという。

玉造花仙山瑪瑙から作られた「出雲型勾玉」（筆者所蔵、模造品）

神話ではアマテラスオオミカミの天の岩戸隠れの際、玉造部《たまつくりべ》の祖神、玉祖命《たまのおやのみこと》が「勾玉」を作り、献上した。これが皇室に伝わる三種の神器の一つ「八尺瓊勾玉」である。出雲大社の祭祀を司る世襲の宮司家「出雲国造」の新任の際、皇室への献上の儀式に使われるものが、玉造の花仙山の瑪瑙から作られた「出雲型勾玉」である。

『魏志倭人伝』には倭の女王が中国へ勾玉を献上した記述がみられる。それはかの卑弥呼の後を継いだ壱与が、女王となった最初の朝貢について記した文中に書かれている。「男女の生口三十人を献上し、白珠五千孔と、青大句珠二枚、異文雑錦二十匹を貢す」とある。なんと生の口とは生きた人間で、それとともに「青大句珠」すなわち「青色の大きなまがれる玉」とある。この表現は「八尺瓊勾玉」を彷彿させ、出雲の勾玉と推測されている。また、わずか二枚であるという点から、特殊で貴重な品であったことが想像できる。

C形の勾玉は日本から伝播し朝鮮半島でも出土しているが、大陸奥地での同形状のものを私は知らない。チベットにはチベット天珠（チベット語でジー、中国語で天珠）というものがあるがC型の曲がりはなく葉巻型の直線形である。ちょうど出雲大社造りの神社の屋根にある鰹木に形が似ている。チベットに何度も通っているが勾玉をこの目で見たことはなく、また、チベットに勾玉があるという話は今まで聞いたことがなかった。

亡き父があの時なぜそんなことを言ったのか、どこから聞いた情報だったのかともっと追求しておくべきだった。今はこの件、父は祖父か親族から何らかを聞いたことがあり、それが頭にあって不意に口を衝いて出たのではないかと思っている。そう考えると全ての記憶、辻褄が一本に繋がる。

それは、祖父がマンダラについて興味深い反応を示したことがあったからだ。

本家にマンダラを土産として渡したことがある。一九八〇年代後半のことで、私はまだチベット仏教についてほとんど知識もないころだ。それはカトマンズのバザールの仏具店で仕入れたキャンバス地のままのものだったはずだ。

私の本家は出雲地方、雲南の熊谷という田舎にあり、私の父は次男だったので核家族として松江で分家していたが、毎年盆暮れ正月には家族で本家に帰省していた。長男で家長の伯父が、私が贈ったそのマンダラを何と丁寧に表装し、仏壇の横に飾っていた。私はもっとちゃんとしたものを贈ればよかったと恥ずかしい思いであった。マンダラそのものより表装代金の方が絶対に高く付いている。

伯父が「お前さんからまった（もらった）やつ表装しちょいたず（ぞ）」と言うので、「いや、そんな上等の物じゃないに恥ずかしいわ」と答えた。

「お寺さんが、か（これは）、え（良い）もんを手に入れたがね、てて言っちょらいたけん。だども、か、もう一つ対がああはずだげなけん、またあっち行ったらもう片方を買ってきてごすだわ」と言われた。

私は、対があるのか、そうなのか？　と思った。

その時だ。祖父が隠居部屋からいつもの笑顔で出てきて、「か（これは）、一つだけでいいやつだないかや」と、こう言ったのだ。

伯父は「住職がそげ言われたけんのお」と祖父の顔を不思議そうに見上げていた。

なぜ祖父がそんなことを言ったのか、この時は、深くは気に留めなかった。祖父が気をきかせてくれて面倒な対を探さなくてすんだ、くらいに思っていた。でも後になって、もし祖父がチベット仏教と何らかの接点があったとしたら、この不思議な発言は理解できる。と思うようになっ

筆者所蔵の時輪曼荼羅（カーラチャクラ・マンダラ）

たのだ。

おそらく本家の菩提寺、木次の西善寺の住職は、胎蔵界曼荼羅と金剛界曼荼羅の二つの曼荼羅をセットにした両界曼荼羅のことを言われたのではなかろうか。西善寺は真宗大谷派なので密教の曼荼羅にはさほど詳しくないのではないか。なぜなら、私が贈った曼荼羅を後で見直すと、日本にはない後期密教の時輪曼荼羅（カーラチャクラ・マンダラ）だったからである。日本密教は中期密教で、その両界曼荼羅は対になっているが、チベット密教の時輪曼荼羅は単独で成立する。日本の僧侶がカーラチャクラ・マンダラを知らないのは当然で、日本ではマンダラは対でセットになっているというのは普通の感覚である。しかしなぜ僧侶でもない祖父が、これは一つで成立するものだと知っていたのだろう。

そしてもう一つ重要なことを発言したことを思い出したのである。祖父は私の幼少期からことあれば「出雲族」のことを話し聞かせてくれたが、生前最後に口にしたのが「勾玉」のことであった。

私が、年老いた祖父にチベット土産のチベット天珠（チベット語でジー、中国語で天珠）を見せたことがあった。チベット天珠はチベットに伝わる瑪瑙などを葉巻型に削ったお守りで、天から降ってきた霊石だという伝説により、代々家宝として受け継がれている。そのチベット天珠のアクセサリー版を軽い気持ちで祖父に渡したところ、手に取って見たあと私の手に戻し、恍惚の目でゆっくり私の顔を眺め何か声にした。

「勾玉が大事だず」「勾玉・・◎△$♪×¥●&%#や」強い出雲訛りと細い老声で良く聞き取れなかったが「勾玉は出てきたかや」と言ったように思えた。ここははっきりしない。当時は、ただ老いた祖父が、勾玉とチベット天珠を同じようなものと誤解しただけなのだろうと思ったからだ。また、幼少期に親族の大人たちが「〇〇で宝の勾玉がなんなった(無くなった)らしい」というような話をしているのを聞いたことがあったので、そのことを思い出していたのかなとも思った。ただ、その事が何を意味しているのかはこの時は気づかなかった。

なぜ、父も、祖父も、チベットと勾玉を結び付けた話をしたのか。そして祖父はチベットのマンダラを見たことがあるかのような話をしたのか。しかし当時は、祖父とチベットに何か接点があるとは思いも寄らなかった。それほど当時の祖父は質素な田舎暮らしの隠居で、外の世界とは隔離された存在であったし、世界を旅している私にとっては戻れる故郷の象徴でもあった。

確かに勾玉とチベット天珠は、形は異なるものの、ともに古代から伝わる霊石であることを考えると共通する何かがある。私もかつてはチベット天珠に魅かれ、チベット各地で老天珠と言われるものや、家宝と伝わるものを見せてもらったりしたが、今は世界的にあまりにも有名になってしまい、巧妙な模造品が流通し真贋の見極めは困難となってしまっているので、しだいに興味も失せてしまっていた。

チベット天珠について、なぜ世界的に大流行したのかも含めて少し触れてみる。チベット天珠はチベット本土ではジーと呼ばれる。中国語では天珠と書くため日本では便宜上、チベット天珠と表されることが多いが、世界的にはジー・ビーズと呼ばれている。チベットでは古代から伝わる聖なるお守りの宝石なのだが、興味深いことは、チベットでは「この世の石ではない」とされていることである。天から降ってきた生命のある霊虫だという伝説があり、霊力により厄除け、開運、財運、健康運、愛情運を呼び寄せ、様々な力を発揮する神秘の護符と言い伝えられ、代々家宝として受け継がれてきた。「この世の石ではない」と信じられる理由として、私はチベットで生産された痕跡がないことが関係していると思っている。古いものは紀元前五世紀前後のものがパキスタン北部、アフガニスタン北部から集中して出土し、紀元前後では西はアラビア半島から東はマレー半島にまで出土品が確認されているという。古代に他の場所で生産された一部が交易などでチベットにも渡り、大事にされてきたというのが定説である。ジーには、九眼、龍眼などと呼ばれる様々な文様が存在するが、この文様がどういう意味を成すのかは考古学上明確な判断はできていない。チベットでは天然の模様が浮かび出た有難いものと信じられてい

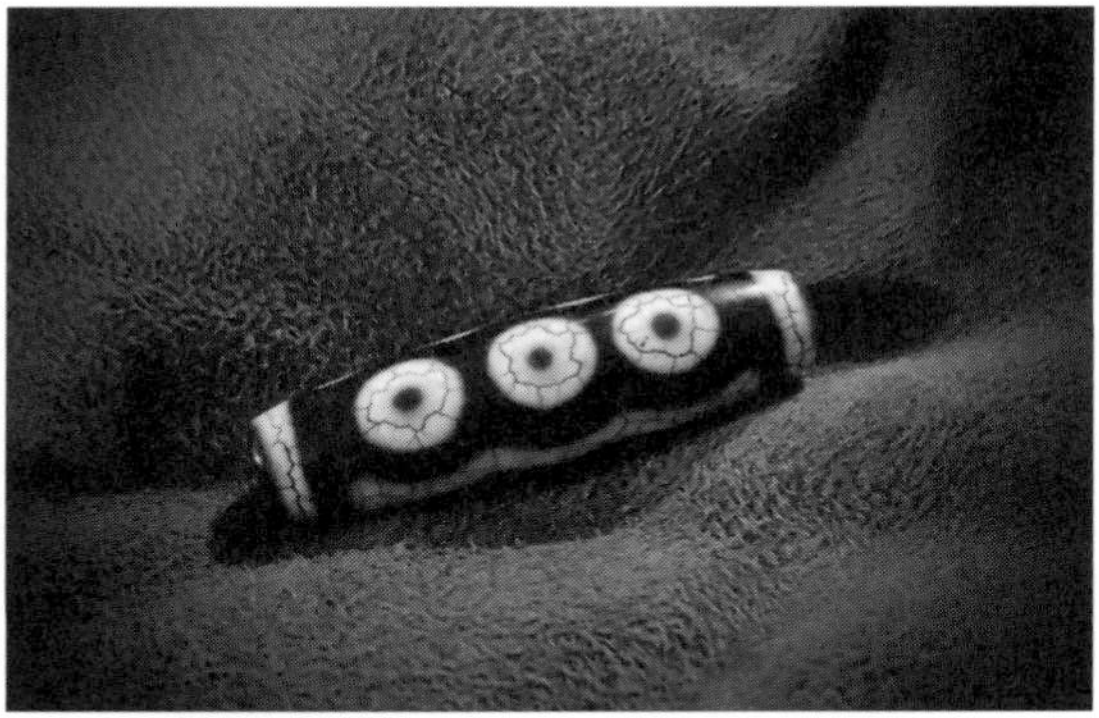

筆者所蔵のチベット天珠（龍紋五眼天珠）

る。実際の製造方法は瑪瑙に薬液で模様を描き、超高温で焼き付けたものとされているが、未だ明らかでなく謎に包まれている。チベットに代々伝わる古い天珠を、中国人は老天珠と呼んで探し求めた。元々チベットには代々家に伝わる家宝のジーしかなかったので、老（古い）天珠、新天珠という区分概念はなく、ジー＝老天珠であった。ジー一個で家一軒が買えるほどの価値があった。

契機となったのは一九九四年、名古屋空港で中華航空機が着陸に失敗し墜落炎上するという事故が起きた時だ。この事故で、台湾人の生存者が「天珠を付けていたおかげで助かった」とテレビで証言したことから、世界中で天珠に注目が集まった。この「一命を救った天珠」の噂が広まり、リチャード・ギアやハリソン・フォードなどのハリウッドスターも身に着けたことが知られ、世界中で驚くほどの高値で取り引きされるようになった。そして次第に中国などで模造品の新天珠が大量に造られるようになり、チベットに流入していった。

二〇〇〇年頃だったと思うが、日本語通訳として派遣されたラサ在住の知人で王《ワン》という語学教師の男がいた。彼は最初、自分はポタラ宮の下の村で生まれたチベット人だと言っていた。氏名が漢人ではないかと指摘すると、中国名だとかハーフだとか言っていたが、彼の教え子でもあるチベット人の友人に聞くと、彼は四川から流れてきた漢人の商売人とのことであった。その王がラサのバルコル（八廓街）で旅行客向けの店を構えた。そこではチベット中を回って集めたという骨董品を売っていた。骨董通の友人とそこを訪れた時、実に手の込んだ商売を見た。友人はジーのコレクターでラダックやムスタンを回って求めていたが、もうラサには模造品しかないと見切っていた。王の店でも老天珠と言って模造品を売っていたので、彼が全部偽物だねと言うと、王はこの値段では本当に古い老天珠はないですよと答えていた。するとそこに田舎から巡礼で出て来たような薄汚れた旅姿のチベット青年がふらりと入ってきた。何か店員に話しかけていたが、しきりに首に巻いたネックレスのジーを見せて何やら交渉している。王が話に割って入ると、旅費稼ぎにジーを売りたいと言っているとのことだった。友人もそのジーを見たが、なかなか古いもののようだった。王が友人に、もしあなたが欲しいなら、これを仕入れて手数料はもらうが売ってあげると言い出した。友人は自分が探しているのは少なくとも何百年も家に伝わるような本当の老天珠で、しかも龍紋天珠だと言って断った。するとそこにその旅の青年の母親だという老婆が連れてこられた。首には古いジーがあった。青年が老婆に、これからの生活にはお金がいるのだからそれを売ろうと話している。老婆はこれは先祖代々伝わる家宝で売るものではないと拒否している。青年が老婆のジーを無理やり取ろうとするので、抵抗する老婆と店の中を駆け回る大喧嘩になってしまった。芝居にしては出来過ぎている。しかしコレクターの友人は老婆のジーを見て目の色が変わった。なんと龍紋老天珠だったのだ。王もルーペを取り出し本物だと驚いている。王は老婆にいくらなら売るのかと聞いた。老婆はそれでも頑なに拒否したが、コレクターの友人がすごい値段を提示すると、店中が興奮状態となった。老婆の息子の青年が間に入ると、十万円~百万円単位で値が吊り上がっていった。コレクターの友人が興奮状態になっているので、冷めている私は、話が出来過ぎていると釘をさすのだが、友人は落札してしまった。後日友人に、あの龍紋老天珠はあれほどの価値があったのかと尋ねると、騙されたかもねと苦笑していた。古いものには違いない様だが、あれが役者ぞろいの芝居だったかどうかは、今でもラサで賛否両論あるままで決着はしていない。

話は出雲に戻る。私が、年老いた祖父にチベット土産のチベット天珠を見せ、祖父が「勾玉が大事だ」と言った日は、実は特別な日であった。白寿の祖父が突然、封印していた神楽を舞った日なのだ。私は三十歳代前半だったが、その十数年後、ある出来事を契機に自分の原風景について調べはじめ、この特別な日のことも思い出して書き記していた。読み返してみると、勾玉について発言したことは記してはいなかったのだが、それはチベット天珠を見せたことによって祖父が何かの記憶を戻したのではないかと、今は思えるのだ。それは「出雲神話から我が原風景をたどる」と題した記録だ。

出雲神話から我が原風景をたどる

クシイナダヒメを祀る上熊谷の河邊神社

突然現れた原風景・山王寺

私はある出来事が起きるまで、故郷・出雲地方の郷土史などに特別な興味をもったことはなく、もっぱら興味は海外の山岳辺境の地にあり、特に当時は東チベットの調査や研究に集中していたこともあって、郷土について調べる機会はほとんどなかった。そんな中、偶然、祖父の出生地である、現在の島根県雲南市大東町山王寺の棚田を訪れることになった。後で知ることになるが山王寺とは寺名ではなく地名である。

私の祖父、嘉次郎は明治二十六（一八九三）年に山王寺で生まれたらしい。二十歳代の頃、雲南木次の上熊谷の渡部家の養子となった。そして、同じく養女であった祖母、イトとともに苦労をしながら七人の子供を育て、質素ながら実直な人生を百六歳という大往生で全うした。

祖父の生前、白寿（九十九歳）の祝いが本家であった。その時ちょうど父が入院中であり、分家の長男として父の代理で出席することになった。昔の出雲地方の家は襖を取れば大広間となり冠婚葬祭は家でできるような造りで、三十名程の親族が出席していた。その時、山王寺の親戚から神楽面が届けられた。なんと祖父がここ熊谷に来る前に使っていた山王寺神楽のスサノオ面が出てきたのだという。祖父はここに養子に来てから神楽を舞うことはなかったらしい。白寿の祖父は神楽の正装をまとわされきょとんとしていた。

伯父が山王寺神楽の録音テープがあるとラジカセを持ち出しスイッチを入れた。四拍子六調子の神楽の奏楽が流れだした。突然、祖父は約八十年ぶりにかつて自分が使った面をかぶり山王寺神楽スサノオの舞（簸の川上大蛇退治）を悠々と舞いはじめたのである。親族一同、祖父の舞いを見たのは初めてであった。後日、このことを父に話すと、熊谷は日登神楽の地域なので、流派の異なる山王寺神楽を養子の祖父が自ら封印していたのかもしれないという。祖父にとって神楽とは、土着の厳格な神事そのものであったのだろう。

山王寺神楽は島根県指定無形民俗文化財になっており歴史は古い。正確には海潮山王寺神楽《うしおさんのうじ》という氏子神楽だ。須我神社に伝わる文政八（一八二五）年の勧進状にこの山王寺神楽に関することが記録されている。「道具不足のために神楽が挙行困難になり、これを受けて多くの人が面などを寄進した」旨の記載がある。古くから神楽が氏子たちに支えられてきたという土地柄で、旧海潮村だけで六団体の氏子神楽があったという。とりわけ明治期には精力的に活動していたことが知られており、山王寺社中は、明治三十四（一九〇一）年に出雲大社神代神楽本部を拝命した。若かりし頃の祖父が山王寺神楽を舞っていたのはちょうどこの最盛期ということになる。

私はその時まで祖父が山王寺という場所で生まれたことさえ知らなかった。ただ幼い頃、本家で時々大人たちから出る「さんのうず」という言葉は頭に残っていた。「さんのうずのおっつぁん」が来ることもあったし、「さんのうずのス（男）」という会話を大人たちがしていることも知っていた。何となくお寺なのか何か、特別な場所なのだろうというイメージを抱いていた。しか

山王寺の棚田（夏）

し、それがどこにあるかさえも知らなかった。

時は流れて二〇〇五年、忘れもしない。帰省の折、松江へ支線で車を走らせていて偶然「山王寺棚田展望台⇒」という手作りの標識に目が留まった。ちょうどこの頃にこの棚田が農林水産省「日本の棚田百選」に選定されたらしいので、今まで気づかなかった隠れ里・山王寺へ至る入口に新しく標識がつけられたのだろう。何かに惹かれたように急にハンドルを切り、道標に従い細い山道を登っていた。それは案内板がない限り入ることもないような、暗く見通しのきかない狭い沢沿いの山道であった。しかし谷を登りきると突然視界が開け、明るい盆地が広がっていた。これはまるでチベットの氷河地形の谷の入口を登って、広いカール地形の台地の隠れ里に出た時の印象と同じである。展望台から南に扇状に広がる棚田と、奥出雲の山々のま

ラグ村とラグ氷河

るで大蛇《オロチ》の背がうねるような風景を見たとき、体のなかで何かが込み上げてくるような感動を覚えた。突然であった。これが祖父の、祖先の原風景だったのだ。なんと山奥の辺境地にある隠れ里だろう。南向きの傾斜を巧みに利用し水利が工夫されているように見える。後天的な経験則では説明がつかない、なんだかわからないが、祖先から引き継いだ感性のようなものが、むくむくと覚醒してくるような気がした。そして、幼いころから祖父が私に話してくれた口伝の言葉がひとつひとつ浮かび、目を閉じると祖父のあの時の神楽を舞う姿が蘇ってきた。緩やかにうねる山並みとゆったりとした神楽の舞は、棚田を舞台とすることによって、みごとに調和することが理解できたのである。

　思えば山王寺を訪れる前に暗示とも思える体験をしていた。それは二〇〇一年東チベットの

ラグ村の棚畑

山王寺の棚田（田植え）

秘境、カンリガルポ山群調査で訪れた美しい氷河村、ラグ（拉古）村から、ラグ氷河を初めて展望したときである。ラグ村の高台に着いて、広がる村の棚畑の奥にチベット最大級の氷河とカンリガルポの氷雪の山々を展望した。そして、「ここは世界で最も美しい氷河村だ」と確信したときに込み上げてきた不思議な感動があった。チベットのラグ村民の祖先はここに入植し何世代もがこの風景に接しながら開墾し、起臥を繰り返し、この土地を愛して子孫に受け継ぎ、質素に生活してきたのだろう。そう思った瞬間、その縁もゆかりもないチベット辺境の土地の、歴代の一族一家の情景が、浮かんで駆け巡り、涙が込み上げてきた。「人間とはなんと辛抱強く生きていくものだろう」景色を見てそう想わずにはおられなかった。なぜ突然そんなことをここで思ったのかは説明できなかったが、これが縁でこのラグ村が好きになり、何度も通うことになり村人とも親しくなっていった。

チベットのラグ村で感じた不思議な感覚は自分でも説明がつかなかった。しかし、ここ山王寺の風景、棚田と奥出雲の中国山地の風景を目にしたとき、展望台からの景観の構図がチベットのラグ村とよく似ている。自分の先祖が作ってきた原風景とその歴代の苦労を思う感情が、ここでも込み上げてきた。私の好きな風景の構図がたまたま似ていただけなのかもしれない。が、この風景に惹かれる意味は理屈では説明できない。ひょっとすると人間も鮭の遡上のように遺伝子によって原風景を伝承しており、私はその祖先の原風景を求めて旅をしているのではないかという妙な思いを抱くようになった。自分は故郷を離れ好き勝手に生きているが、古代からこの地を開墾し、何代もの世代が努力を重ねて受け継いで守ってきた先祖の、誰一人が欠けても今の自分はなかったのだ。自分が存在している以上は親があり先祖があった。この世に住む人すべてに先祖があった。これは理屈としては当たり前であるが、実感する場面は今までなかった。せめて先祖の歴史を知ること、自分の原風景を知ることが必要でないかと、この時初めて思ったのである。

大国主神は我が産土神《うぶすなのかみ》なのか？

翌二〇〇六年三月、所属する横断山脈（ヒマラヤの東）研究会の総会が広島、宮島であり、全国から会員が集まった。私もカンリガルポ山群調査の発表を行なった。またその中では、松江の岡

出雲大社にある大国主命像

崎秀紀先生が明治の島根出身の僧侶、能海《のうみ》寛《ゆたか》のチベット潜入行に関し研究発表もされた。夜の懇親会でたまたま出雲地方の話題となったので、私は山王寺の棚田の景観を見て感じたことについて話をしていた。すると、岡崎先生から同郷の人がいるよと、雲南市三刀屋出身の方を紹介していただいた。後日その方から石飛仁著『蘇れ古代出雲よ　出雲王朝は鉄の故郷・三刀屋にあった』（新泉社、二〇〇五年）という本が贈られてきた。本の内容は『出雲国風土記』の中に三刀屋の郷をして「天下《あまのした》つくらしし大神《おおかみ》の御門《みかど》ここに在り」とあることなどから「出雲王朝三刀屋説」としての古代出雲族の世界を蘇えらせるものであった。「出雲王朝」という言葉があることすら知らなかった私は、意外な展開に興味を持ち、その本を一気に読んだ。この中には個人的に驚愕する内容が含まれていた。

それは、大国主命《オオクニヌシノミコト》は私の父の里、つまり祖父母の暮らした熊谷郷《くまたにのさと》で生まれた、という記述である。『蘇れ古代出雲よ』の中には「大国主命の伝承」として影山繁光氏（元三刀屋高校長）の見解が以下のように記述されていた。

大国主命は、スサノオとクシイナダヒメの御子として熊谷郷（現在の木次町熊谷）に生まれた。さまざまな迫害や試練を乗り越え、スセリヒメを正妻として迎えた。そして三屋郷《みとやのさと》（現在の三刀屋町、三屋神社の地）に宮居『御門屋《みとや》』を建てて住み、ここを根拠地としてスサノオの跡目を継ぎ、出雲の国造りをはじめた。まず出雲の中山間部を手中に収め、各地を巡って国造りをした後、海岸部に進出し、出雲の国を造り統治した。

これは影山繁光氏が『古事記』『日本書紀』『出雲国風土記』をベースとして、三屋神社由緒、地元伝承、参考文献などを引用し、整合性を重視して考証し小冊にまとめたものだという。

これには驚いた。ひょっとすると、出雲神話の代表神、出雲大社の大国主命が、我が祖先（熊谷一族）と何らかの関連があることになるのではないか、と驚いたわけである。確かに子供の頃楽しみにしていた熊谷の神楽のクライマックスはスサノオがヤマタノオロチを退治しクシイナダヒメと結ばれる神話であるが、これは出雲全体に伝わる出雲神代神楽であり、熊谷の地がその舞台であったとは私は思ってもいなかったからである。祖父や父は昔から「我々出雲人はオオクニヌ

本家代々の氏神である河邊神社

シの子孫だ」と言ってはいたが、出雲人を象徴的に言っているのだとばかり思っていた。帰省しすぐに、父にそんな伝承の詳細を聞いたことがあるかと確認した。しかし肝心な核心に迫ると父は少し困ったような顔をし、「氏神である河邊神社はクシイナダヒメを祭神としている。ここでお産をされたからだと由緒にある。しかし、大国主命がここでお生まれになったというような話は、大社さん（出雲大社）の手前、あまりするものじゃない」という予想外の反応で口を閉ざしてしまった。何故、大国主命を祀る出雲大社に対し、大国主命の生誕の話が良くないのか。

これがきっかけとなって、出雲国風土記や出雲神話について改めて調べてみることにした。ところが、すぐに、学説、解釈などの情報が膨大であることに驚いてしまった。私が海外の辺境の山々に出かけるときには、少ない情報を探し、自分なりの概略をまとめ、現地でフィールドワークを行なって、見聞したことと重ね合わせて、仮説的な解釈を構築し、細部の疑問点などを改めて文献などから検証する作業を行なう。しかし、記紀（古事記、日本書紀）、出雲国風土記に関してはあまりに解釈が多すぎ、学説らしきものから個人的解釈、ＳＦまがいの珍説まであり、手の付けどころがなかった。そして、あまり諸説にとらわれず一次文献から検証した方が良さそうだと思った。

故郷のいにしえの実像、ひいては自分の祖先の歴史を解明することは、途方もないことだということを痛感した。しかし、幸いなことに、出雲地方、特に私の故郷である奥出雲地方の風土は私自身の幼少期の記憶も含め、風土記時代をほうふつする風景が、未だ残っているのである。開発や外部からの文化混入が少なかったことが幸いした。地元伝承などもフィールドワークとして、まだまだ発見できるのではないかと思うようになった。同時に、急がなくてはならない、という焦りも芽生えだしていった。開発が遅れたとはいえ、高度経済成長時代に核家族化が進むことで地方から都市への人々の流出に始まり、地方に残った人々の高齢化、伝承の分断は急速に進んでいる。フィールドワークが可能な時間は、チベット同様に出雲においても限られていると思うようになった。そして、先ずは「大国主神は熊谷郷で生まれた」という仮説の信憑性を探ることにした。

『出雲国風土記』から熊谷郷を探る

『出雲国風土記』は我が国で唯一の完本風土記である。『風土記』とは元明天皇・和銅六（七一三）年の勅命に基づき、諸国が編纂した地誌である。前年の和銅五（七一二）年には『古事記』が、その八年後の養老四（七二〇）年には『日本書紀』がつくられ、『出雲国風土記』は天平五（七三三）年に完成したとされている。これら一連の編纂は、古代天皇制の威令を高めるために行なわれた国家事業であるといわれる。『風土記』は郡の名の由来、伝承、産物などを上申文書形式で記録したもので、諸国の実態調査と『日本書紀』作成の資料とするため編集されたと考えられている。

当時六十余カ国のうち出雲、常陸、播磨、豊後、肥前の五風土記が現存し、他は約四十カ国が、後に引用された断片的な逸文だけであるという。しかも五風土記のなかでも、常陸は略本であり、播磨、豊後、肥前は欠落の多い本であり、唯一出雲国風土記のみが完本の形で、当時（奈良時代）の地方の人々の生活や信仰、自然のありさまを現在に伝えているのだという。

この一次文献とも言える『出雲国風土記』の「熊谷郷《くまたにのさと》」の項の原文を見ないことには「大国主命の熊谷誕生説」の根拠は検証できないと考えたものの、なかなかその機会が持てないでいた。そんな中、二〇〇六年盆に帰省したとき、たまたま荒神谷遺跡を見学した。荒神谷は一九八四年、世紀の大発見とまでいわれ、銅剣三五八本と十六本の銅矛、六個の銅鐸が出土した。古代二大文化圏である大和、北九州の銅剣総数（全国の総数でもある）を上まわるものが一カ所からごっそり出てきたのである。この歴史がひっくりかえるほどの謎は未だにきちんと解明されていない。この荒神谷遺跡博物館の書店で、探していた風土記研究の名著、加藤義成著『校注・出雲国風土記』(千鳥書房、一九六五年)を偶然手に入れることができたのだ。

『校注・出雲国風土記』の中の「飯石郡《いひしのこほり》 熊谷郷《くまたにのさと》」全文は次のように記されている。

熊谷郷。郡家《ぐうけ》の東北二十六里なり。故老の傳へに云へらく、久志伊奈太美等与麻奴良比売《くしいなだみとよまぬらひめの》命《みこと》、任身《はら》みまして産まむとしたまひし時、生みまさむ處《ところ》を求ぎたまひき。爾の時、此の處に来到りまして詔りたまひしく、「甚《いた》く久麻久麻志枳《くまくましき》谷なり」とのりたまひき。故《かれ》、熊谷《くまたに》と云ふ。

熊谷の記述はこれだけである。つまり『出雲国風土記』には「大国主神は熊谷郷で生まれた」とは書かれていなかった。これでは大国主命の熊谷誕生説が一般的には知られていないことも納得できる。風土記の熊谷郷の項には伝説として、産気づいた女神・クシイナダミトヨマヌラヒメノミコトがお産をする場所を求めて、「いたく隈々しき谷」と称したので「熊谷」と云うと書かれている。これは、とても奥まった谷、お産にふさわしいところ、だという解説があり、ここで御子を産んだと考えるのが自然であるとされている。

したがって風土記に記された事柄から、大国主命がこの地で産まれたと仮説するためには「久《く》志伊奈太美等与麻奴良比売命《しいなだみとよまぬらひめのみこと》の御子が大国主神」ということが条件となる。

久志伊奈太美等与麻奴良比売命とは

上熊谷の斐伊川のほとりにある河邊神社は熊谷一族、渡部家の氏神であるが『出雲国風土記』熊谷郷の項に登場する久志伊奈太美等与麻奴良比売命《くしいなだみとよまぬらひめのみこと》が祭神である。この上熊谷の地形は非常に興味深い形をしている。C字（勾玉の形）に湾曲する斐伊川に囲まれた地形を活かし、その囲みの中に僅か数十戸の村落は形成されている。これはスイスの首都ベルンがアーレ川の天然のお堀の囲みの中に舌状に形成されたのと同じ、防衛に適した地形である。河邊神社は私が子供のころ本家に里帰りするとよく遊んだ神社である。この河邊神社の「御由緒」には以下のように記してあった。

当社は、延喜式神名帳及び出雲風土記所載の式内社としての古社である。奇稲田媛命、御子を生みまさむと此の處に至りて「いと久麻久麻しき谷なり」と宮居し給うと、天平五（七三三）年の古文書（出雲風土記のこと）にあり、往時が偲ばれる。当時は、下熊谷の境の烏帽子山の麓、字松林の地に鎮座せしも後に中央の舟津の現在地に移転している。嘉祥四（八五一）年に神階六位上に叙せられ、明治五年に村社に列せられた。

由緒では、久志伊奈太美等与麻奴良比売命《くしいなだみとよまぬらひめのみこと》は、奇稲田媛命《クシイナダヒメノミコト》と記されているが、これは『日本書紀』によるものである。また、『古事記』では櫛名田比売《クシナダヒメ》とされている。出雲風土記では前述した熊谷郷の項のみに登場し、八岐大蛇《ヤマタノオロチ》や素戔嗚尊《スサノオノミコト》との関連性はなにも記されてはいないが、これらは同一の神であるということには異論はないようである。

奇稲田媛命は日本全国で稲田の神として信仰されており、八重垣神社（松江市）、須佐神社（出雲市）、氷川神社（さいたま市大宮区他、各地の氷川神社）、八坂神社（京都市東山区）、櫛田神社（富山県射水市）、櫛田宮（佐賀県神埼市）などに祀られている。福岡の祇園山笠で有名な櫛田神社も元々は奇稲田媛命を祀っていたと言われている。

奇稲田媛命と大国主命の関係

『古事記』『日本書紀』には、素戔嗚尊《スサノオノミコト》（日本書紀）、または須佐之男命（古事記）による八岐大蛇《ヤマタノオロチ》退治の神話がある。葦原中国のある出雲の鳥髪山（現：船通山）へ降ったスサノオは、その地を荒らしていた八岐大蛇を退治し、八岐大蛇の尾から出てきた天叢雲剣を天照大神に献上した。スサノオは、八岐大蛇に食われることになっていたクシイナダヒメを妻として、出雲の須賀《すが》の地へ行きそこに留まった。そこで「八雲立つ出雲八重垣妻籠に八重垣作るその八重垣を」と詠んだ。

この『古事記』『日本書紀』の八岐大蛇退治神話には、クシイナダヒメのお産の話は登場しない。ただ『出雲風土記』のみが、あえて心情の様子も含め臨場感をもって記載している。このことは何を意味しているのであろうか。その他『出雲風土記』には『記』『紀』に記載される出雲神話を反映する内容は見られない。この謎に関して私は以下のように考えた。

『出雲風土記』は『記』『紀』と内容が重複することをあえて避けている。これは本来目的とされた『日本書紀』編纂のための地誌であるはずなのに、『日本書紀』よりも十三年も遅れて完成されたことに意味があるのではなかろうか。あえて『日本書紀』の編纂には間に合わせなかったかのように後出しで提出したと推測もされている。そうすると、『記』『紀』の出雲神話は、大和史観により歪められた可能性があり、真正の出雲神話ではないのではないだろうか。『出雲風土記』はあくまでも地誌として淡々と編纂され、出雲神話については、ある意図をもっていたのではないだろうか。

ちなみに『出雲風土記』での出雲神話の代表は「国引き神話」である。冒頭に掲げられた意宇《おうの》郡《こおり》の条に、その郡名の由来を伝える話として登場する。主人公は、出雲の祖神、八束水臣津野命《ヤツカミズオミズノミコト》で、『古事記』では須佐之男命《スサノオノミコト》の四世の孫（大国主命の祖父）で「出雲国は小さく未完成なので、作り足して縫い合わせよう」と他の国から「国来《くにこ》、国来」と引き寄せ（綱をかけ大山と三瓶山を杭として）、つなぎ合せて島根半島を作り上げた。国引きを終えた神は意宇《おう》の杜《もり》に杖をつきたて「おえ」と叫んだので意宇の地名となった。この壮大な物語の発想は『記』『紀』神話にも類を見ない。「新羅の国余りが杵築の御崎」に、「佐枝の国余りが狭田」に、「良波の国余りが闇見」に、「高志の津々の三埼の余りが三穂の埼」と引き寄せて来て成立したという。この引き寄せられた場所については、大陸から沿海地方まで諸説があるが、海外文化の伝来を連想させる。

さて、『出雲風土記』で「大国主神」は「所造天下大神（天の下造らしし大神）」と最大級の敬意が払われて「大穴持命《オオナモチノミコト》」という名で登場する。『古事記』では、出雲の主神は「大国主神」で「またの名を大穴牟遅命《オオナムチノミコト》、八千矛神《ヤチホコノカミ》、葦原色許男神《アシハラノシコオノカミ》、宇都志国玉神《ウツシクニタマノカミ》」という記されている。『日本書紀』になると他にさらに二つ「大己貴神《オホナムチノカミ》、大物主神《オオモノヌシノカミ》」が加えられ「あわせて七つの名あり」と述べられている。

『日本書紀』によると、大国主神は八岐大蛇を退治した素戔嗚尊《スサノオノミコト》と奇稲田媛命《クシイナダヒメノミコト》の間に生まれたとされる。つまり、『日本書紀』では大国主神は熊谷郷で生まれたことになるのだ。一方『古事記』では須佐之男命《スサノオノミコト》の六世の子孫であるといい、相違がある。また、『出雲風土記』では登場する場面は多いものの系譜的な記述はない。

このようにたくさんの神名で登場する神は珍しく、大穴持は大地主としての大国主の古名と考えられるが、異名は多面性の性格、複数の人格、あるいは複数の神を統合させた可能性を示す。また、『古事記』にみられる須佐之男命と大国主の間の五代神とは、古代出雲で信仰された精霊的な有力神や、「国魂」の性格を持つ神々と考えられ、その上にスサノオを置くことにより、形を統合し、出雲の神・大国主へと続く物語を形成したのではないかとも考えられる。

そして、クシイナダヒメの親であるアシナヅチ、テナヅチは「土地の神」を意味するといわれ、クシイナダとは「すばらしい稲田」を意味し「稲田の神」を象徴している。このように考えると出雲神話は、生産者である土地神のアシナヅチらが、異なる世界からきた神スサノオの力をかりて、自然の猛威を象徴するオロチを倒し、豊作をもたらすクシイナダヒメとの出会いから、大国主に引き継ぎ、出雲の国を造り統治するストーリーを展開しているように考えられる。

大国主のあいまいな系譜については出雲国造が興味深い考察をされている。「国譲り」神話の時代から出雲大社で大国主神を歴代祀ってこられた宮司、出雲国造家の第八十二代・千家尊統公が著『出雲大社』（学生社、一九六八年）に以下のように述べられている。ちなみにこの『出雲大社』は明治十八年生まれの千家尊統公が出雲大社に秘められた古代以来の伝承を公にされた画期的な、古代出雲研究のバイブルとも言える書である。それにはこのように説明されている。

『日本書紀』の神代巻には、大己貴神（大国主）はスサノオノミコトと稲田姫との間に生まれた御子神であると記載されている。ところが異説として、（中略）書紀本書の説に対し、書記一書の説はその間に長い世代の介入を認めているところに、大きな差異があるといわなければならない。いうまでもなく大己貴神とは大国主神のことである。（中略）『日本書紀』の一書の説としてあげたところの異説と相通ずる考え方を『古事記』は掲げているのである。（中略）異る所伝があるというのは、これをどう解釈すればよいのか。それはつまり、神は人のように肉身で世代を継承するということは、どんな意味を持つことであるかの問題になるであろう。人が子から孫へ、孫から曾孫さらに玄孫へと、血のつながりの無窮の発展を考えるということは、祖先のなしとげようとした志を、自らが承けて実践し、自らにおいて十分には実現しえなかったその志を、やがて子孫に期待するという、こういう考え方が日本人の胸の奥にはいつもあるのではあるまいか。（中略）こういう意味で、親子はいつも一体であり、血のつながりの子孫は、祖先と一つになるのである。（中略）そこでものごとは簡単なものから複雑なものへと推移するという一般原則をここにあてはめるならば、大国主神はスサノオノミコトの御子であるという伝承が、その型がもっとも簡単であるというところから、それだけにもっとも早くわれわれの間に成立した考え方だ、ということができるのであるまいか。平安時代初頭の大同二（八〇七）年にできた忌部宿祢広成の『古語拾遺』には「素戔嗚神、国つ神の女を娶ひて大己貴神を生む」となっていることが、この際あわせて考えられる。

出雲国造家は、天照大御神と須佐之男命が誓約をしたときに生まれた五男三女神の一柱天穂日《アマノホヒノ》命《ミコト》を祖神とする。その天穂日命の子孫とされる千家尊統公は、神々の統譜は人間の家系図とは違い、多分に象徴的な意味合いがあると説明されながらも、大国主神はスサノオノミコトの御子であるという説を支持されている。

上熊谷衛星写真（Google Map）

奇稲田媛が守る上熊谷郷

上熊谷はC字型に勾玉の形のように湾曲する斐伊川に囲まれた地形を活かし、その囲みのなかに村落は形成されている。山と川の間に数十戸の家があり、渡部姓が多い。ここは斐伊川を天然の堀とした半環濠集落とも考えられ、斐伊川からの用水に適しているのと同時に防衛にも適している。集落と川の間に水田が広がり、この一角に河邊神社の杜がある。

八岐大蛇退治の神話はスサノオによる治水事業と考える説もある。父もそう伝えていた。大蛇のように蛇行して流れる斐伊川は氾濫の様子を今に伝えるものであり、上熊谷の湾曲部は増水による水害が起こりうる地形を呈している。この地域の上流では古代よりタタラ製鉄が行なわれ、真砂《まさ》（砂鉄）を取るために大量の砂を河川に流し続けることによる、川床の上昇も起こっていたと考えられる。ここで「稲田の神」と「治水の神」が出会うことにより、大国主命の出雲の国造りがはじまると解釈すると、神話の舞台としての上熊谷は大きな意味を持つ。

また、『出雲国風土記』は「熊谷軍団」についても言及している。「軍《いくさ》の團《つかさ》、熊谷軍團は飯石郡家の東北二十九里一百八十歩なり」とある。場所は現在の下熊谷、環濠の外にあたろう。ここは南部国境からの道が北の平野各地に道を散らす交通の要衝でもあった。

「稲の神の地」と「要害の地」のふたつの顔をもつ熊谷郷は「稲作と渡来人」の関係が重要ではないかと考えられる。私は幼少のころから「渡部」は「渡《わた》りの部《べ》」であると父から聞かされていた。しかし現在において、この上熊谷の地の民についての歴史的ルーツを検証することは既に困難である。

現在の考古学的学説をつなぎ合わせると稲作の伝承は単純ではない。かつて日本人のルーツ、稲作発祥の地として注目された中国雲南省の棚田は約四千年前に発生したと考えられてきた（現在の上熊谷が雲南市という名になったことは偶然ながら不思議な縁を感じる）。

ところが、島根県飯南町の板屋Ⅲ遺跡などから約六千年前の熱帯ジャポニカ米が発見されたことにより、日本への稲作伝来は弥生時代に突如としてなされたのではなく、縄文時代にすでに焼畑による稲作が行なわれていたことがわかってきた。焼畑の「熱帯ジャポニカ米」に対し、水田の米である「温帯ジャポニカ米」は約五千五百年前に中国の長江下流、江蘇省で発生し、約三千年前に朝鮮半島南端まで伝播した。この時代の朝鮮半島では日本の縄文土器が発見されたことから、日本人が交易のため半島を訪れていたことが確認されている。この時代に水田技術は北九州から中国地方にすでに伝わっていたはずである。

水田稲作が爆発的な勢いで西日本に拡大した時代が、出雲神話の時代ということになるだろう。福岡の板付遺跡は二千三百〜二千五百年前の環濠水田集落であるが、この時代の弥生人の骨の形は縄文人とは明らかに異なり、同時代の中国大陸にもあることが分かっている。この時代の中国大陸は春秋戦国時代であり、戦いを避ける人々の大移動が起こった。春秋戦国時代の『詩経』に「彼の楽土へ行かむとする。楽土へ、楽土へ」という文書が残されており、戦を避けた民の大移動が読み取ることができる。この一派は西のチベット高原方面へ、また、日が昇る方を求めて東へ向かった渡来人が日本・出雲の地に流れ着いた可能性はある。

これに関しては「男系遺伝子Y染色体の分散」としても多くの論文で示されている。これについて私はアメリカ大陸を歩いていた時に実感したのだ。アメリカ国立公園を巡っていたある日、ネイティブ・アメリカンのナバホ居留地で面白いことに気づいた。居留地で売られていたターコイズと銀を用いた宝石細工がチベット・ターコイズと区別がつかないほどそっくりなのだ。民族が持っている美的感覚は基層にある文化を映しだすものだと思う。そこが疑問の発端だった。な

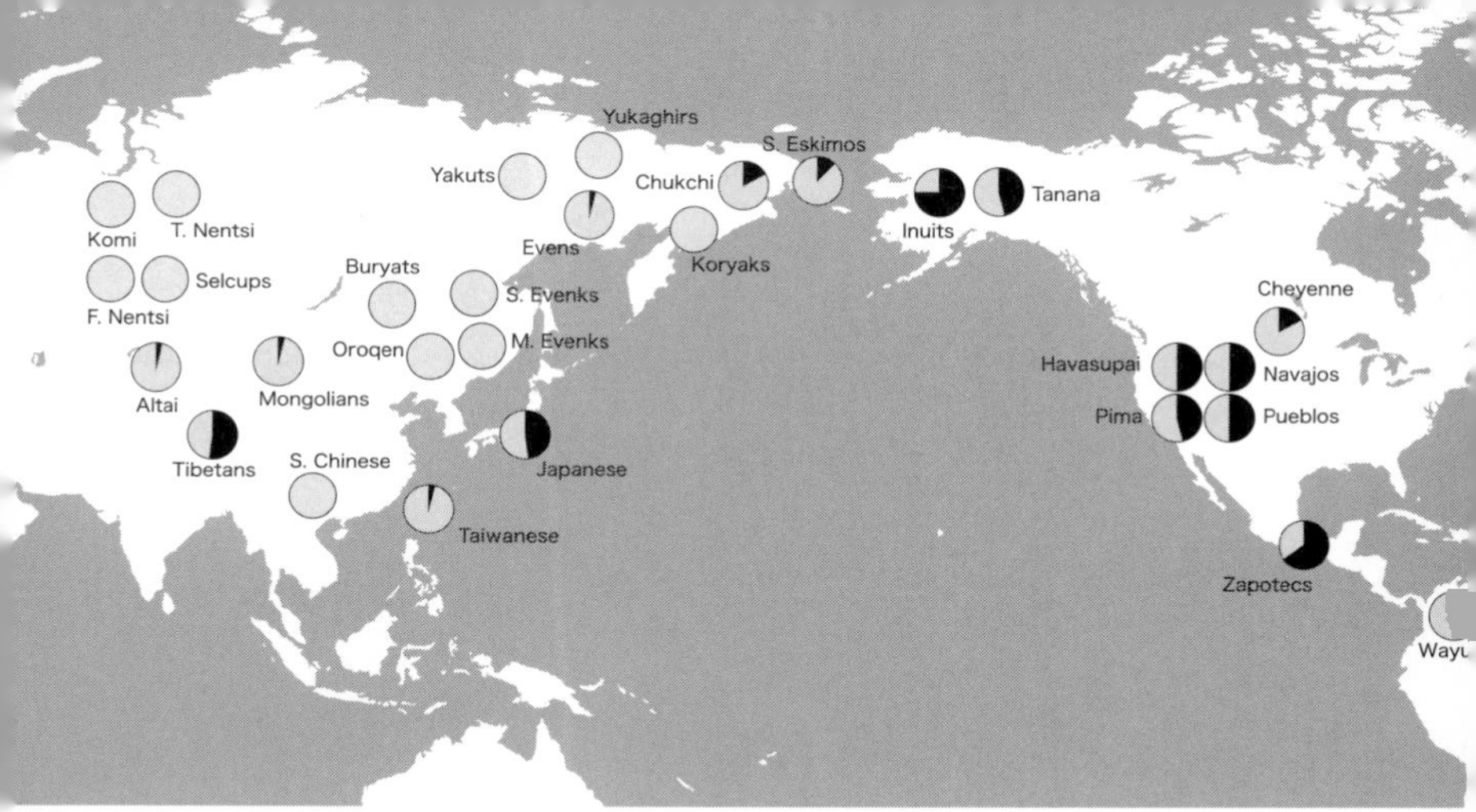

「Y染色体の印（YAP+）を持つ者とベーリング海峡からの分散」より描き起こし

ぜ、チベット人とナバホ族が同じような宝石細工をもっているのか？

アメリカの形質人類学誌（American Journal of Physical Anthropology）に掲載された「Y染色体の印を持つ者とベーリング海峡からの分散（Y Chromosome Markers and Trans-Bering Strait Dispersals）」という論文に添付されていた図版で、チベットと、日本と、ネイティブ・アメリカンをつないでいる目に見えない遺伝子の存在に驚いた。

直感的にわかるのは、チベット人、日本人、南北アメリカ大陸の人たちに明らかなつながりがあるということだ。つながりの印は「YAP＋」という特殊な塩基配列を持っている部分にある。この部分は、今の日本人を形成している部分ではなくて、われわれのなかにあるネイティブ・ジャパニーズの部分だ。ネイティブ・ジャパニーズ、チベタン、ネイティブ・アメリカンは多かれ少なかれ、この「YAP＋」という特殊な塩基配列を持っていることがわかる。中国にも韓半島にも「YAP＋」を持つ男性がいない。にもかかわらず日本列島に暮らす男性の四二％が「ＹＡＰ＋」の塩基配列を持っている。「ＹＡＰ＋」は男性が遺伝子を残さないとそこで途切れてしまうものである。

ナバホ族とチベット人、日本人との間の共通点は多い。自然のあらゆるものに神が宿ると信じていること、母系社会の歴史が見られること、シャーマンによる心理療法があること。また、ナバホの人々はホッジョー（調和）を大切にする、それは日本の「和」に通ずるものがある。注目すべきは、これら「ＹＡＰ＋」という特殊な塩基配列を持つ人々のなかで、日本人のみが民族的に独立国家を形成していることである。

話がそれたが、水田稲作（温帯ジャポニカ米）が弥生時代に一気に日本に広まったことは、渡来人の来航で説明がつくのではないか。狩猟採取＋焼畑稲作の縄文土着系と、水田稲作の渡来系の合流は出雲神話の中の伝説でみることができるように思える。

「稲作の神」クシイナダヒメが「子孫をもうけるのにふさわしい所」と伝える上熊谷は、稲作による子孫繁栄をもたらす理想郷であった。そして南の中国山地・奥出雲の山岳地帯の狩猟採取＋焼畑稲作の民の土地との境を示すものでもあったかもしれない。クシイナダヒメはこの地を鎮守し、平和な民のくらしをもたらしたのであった。クシイナダヒメから引き継がれた水田稲作文化はオオクニヌシにより、人々の生活を向上させるために「国作り」に発展する。その後の「国譲り」の神話ではオオクニヌシは無駄な戦いをさけ、国を引き渡してしまう。その因果か上熊谷は美しい水田と村を今に残しているのである。

クシイナダヒメとオオクニヌシの系譜は上熊谷の地で、水田稲作農耕民族としての我が祖先に引き継がれ、現在に至っているのである。

原風景から得たもの

これらの考察は私の推察である。また、出雲神話を史実ととらえることはできないだろう。近代の出雲の地は近畿大和や北九州地域と比べると開発が遅れたこともあって、発掘されないまま眠っている遺跡は、まだまだあると予想できる。一九八四年日本最多の銅剣が発掘された荒神谷遺跡、さらに、加茂岩倉遺跡からも日本最多の銅鐸が出土した。これは『出雲国風土記』に大国主の神宝を積み置いた地とする「神財《かむたから》の郷」の記述にある。「神原郷：古老が伝えて言うに所造天下大神（オオクニヌシ）が、神御財《かみのみたから》を積み置かれたところであり、神財郷というべきだが、誤って神原郷と言っている」。これにぴったりと一致するのであるが、このことをもって史実を解明する学説が、けっして多くないことに素人ながら疑問を感じている。これら出雲の新しい史跡は、「古代神話」の物語の信憑性を高めることはあっても、「日本古代史」上の意味は未だに解明されていないのである。考古学とは、今、顔をのぞかせている一部分から全体を推察する学問であろう。そのサンプリングが偏っていることを前提とすると、『出雲風土記』が語る物語の意味は、ま

上熊谷の桜の土手

だまだ重要なものがあるといえよう。

私にとって、上熊谷と山王寺は「我が原風景」として大いなるものになっていった。山王寺の里山の上から望むと、上熊谷あたりの斐伊川湾曲部は直線距離で約二〇キロメートル離れているが、山並みの曲がりをかすかに遠望することができる。古代、斐伊川流域、上熊谷に伝わった稲作技術はやがて山村部の山王寺の棚田技術へと改良され伝わったのだろうか。あるいはその逆かもしれない。山王寺の棚田で生まれ育った祖父は、縁あって斐伊川流域の熊谷に降り、八十年もの間、上熊谷の稲田を守り、繁栄をもたらした。これは一無名・出雲農民の偉大な歴史である。

ところで、辺境・東チベットの山岳農村を訪れると、貧しいながら神仏とともにある人々の生活が、なにやらとても心地よいのである。観音菩薩から続く尊格が、寂静、憤怒を共にしながら、生

山王寺の冬

活の隅々において生きている。神々とともに祖先の手により整えられた里山の自然は、何百年以上も脈々と守られ、その姿を今に伝えているのである。それは神話が生きていた祖父の時代の出雲を垣間見る気がするのである。今にして、あのまぶたの祖父の神楽は、稲田を守った神の舞であり、国を作った神の舞であったと感ずるのである。

〔参考文献〕

◎加藤義成『校注・出雲国風土記』(今井書店、一九六五年、二〇〇三年改版十四刷)一五九頁
◎出雲研究会編『出雲国風土記』(渡部印刷、一九九五年、二〇〇〇年改版四刷)一五九頁
◎武光誠『古代神話』(河出書房、二〇〇五年)二〇八頁
◎石飛仁『蘇れ古代出雲よ——出雲王朝は鉄の故

郷・三刀屋にあった』（新泉社、二〇〇五年）二三七頁

◎千家尊統『出雲大社』（学生社、一九六八年）二六一頁

◎NHKスペシャル『日本人 はるかな旅』第四集「イネ、知られざる一万年の旅」、第五集「そして〝日本人〟が生まれた」（二〇〇一年放送）

◎Y Chromosome Markers and Trans-Bering Strait Dispersals（American Journal of Biological Anthropology. March, 1997）

出雲大峯の観音様とチベットの仏縁

出雲大社・峯寺の観音堂

チベットでフィールドワークを重ねるうち、チベット仏教を知らずしてチベットを知ることはできないと感じていた。たまたま初めに書店で手に取ったのが、『季刊仏教№26特集 チベット』（法蔵館、一九九四年）で、その中の「チベットの5つの精神文化」（イェーシェー・ラモ訳）は、チベット仏教四派とポン教の基礎を学ぶテキストとして当時は画期的だった。この基本的理解だけでも、チベットの山々の見え方が変わった気がしたほどだ。

話は出雲に飛ぶ。父の里、木次熊谷のすぐ隣町、三刀屋に出雲大峯・峯寺という古刹がある。三刀屋川が斐伊川に合流する盆地に西から峯寺弥山が迫る。出雲風土記には伊我山《いがやま》と見える山だ。風土記に名があることからも歴史ある重要な山で、標高約三〇〇メートルの低山ながら古代から神山として崇拝されていたと思われる。峯寺はその伊我山の山深くにある。由緒によると開創は仏教伝来後わずか百年ほどの斉明四（六五八）年、役小角《えんのおづぬ》がこの地に庵を結んだと伝える。ついで弘法大師が真言密教の道場を開き、中世には尼子氏、毛利氏など戦国領主に保護され、盛期には全山四十二坊が整っていたという。だが戦国期に幾度もの兵災にあったこともあり創建当時の詳しいことはわかっていない。永禄年間（一五五八〜七〇）当時の僧・快遍により再興。寛永十五（一六三八）年快弥という座主の時、西国十六カ国の修験袈裟頭という高い地位を得、松江藩主松平氏の尊崇を受ける。当時は末寺十二カ寺、孫末八カ寺を擁したとある。明治の神仏分離、戦後

峯寺本堂

の荘園の農地解放により衰退したが、今でも出雲大峯と呼ばれ、出雲に春を呼ぶ伝統ある花法要の火祭り（柴燈大護摩供養）には山伏行列があり多くの参拝者で賑わう。

十七歳の頃の僕は、部活や深夜ラジオに中途半端に流され、受験勉強に不真面目だった。松江南高の化学の岩浅宏志先生は棒で叩きながら化学式を覚えさせるようなスパルタであったが、夏休みにこの化学鬼教師から、経緯はよく覚えていないが、知り合いの寺だからここで勉強せよとこの峯寺に預けられた。

三十三年に一度しかご開帳されない秘仏の聖観世音菩薩を祀る観音堂を部屋としてあてがわれ、そこで寝起きをした。喧噪のない静かで涼しい山寺で勉強をするためと

峯寺の観音堂

言えばもっともらしいが、ここでの生活は全てが新鮮で勉強どころではなかった。峯寺弥山に登り、山から木次の町に降りてはまた駆け登る。山寺の全てが刺激的すぎて鬼恩師の目論見は見事に崩れたのであった。観音堂で寝起きするなんて気味が悪いという者もいたが、お堂も仏像も木で出来ているだけで、そこに魂などが介在する物理現象はありえないと思っていたので、そういう霊的な怖さというのはなかった。

観音堂には朝から参拝者があるが、簾の几帳があるため外から中は暗くて見えない。僕の方から見ると外は明るいのでよく見えるのだ。こっちに向かって手を合わせる参拝者を寝そべって眺めるのが、当時アインシュタインに傾倒し唯物思考であった僕にはとても面白かった。信心とか信仰というものの不思議さを、当時興味を持って学んでいた物理や化学で計る思考との間での葛藤が生じ、探求心を刺激しだした頃である。ばちあたりな話であるが、戯れに観音堂の中から声や音を出したりすると本気で驚く参拝者もいたものだ。やがてその記憶も、故郷を出て大学、就職、家族を持って県外で長く暮らすうちに忘却の彼方で穴籠っていた。

二〇〇八年夏、その峯寺を三十一年ぶりに訪れることにしたのだ。きっかけは偶然、チベット歴史学者、石濱裕美子先生のブログを目にしたことである。記事には「チベットの高僧ロサン・ガワン・リンポチェが出雲の峯寺でダーキニーの灌頂を行う」とあり、何かとてつもない因縁の始まりを予感したのだ。これがチベットの縁とは不思議なものだと感じる最初の出来事だったかもしれない。ここに繋がることが如何に奇縁であるかを説明するため出来事順に整理し記してみる。

一九八六年、初めてチベットのラサへ入り、ギャンツェ、シガツェ、ティンリを経てネパールのカトマンズへ貫けた。それから世界中の山岳地帯に出かけるようになるが、チベットの強烈な洗礼から離れられず、九〇年代からまたチベットに通うことになる。

当時チベットでは、外国人を案内するのは漢人《ギャミ》の担当者で、説明される寺院や史跡、チベット文化については何となく違和感と疑問をもつようになった。自由な行動は許されず、チベット人や僧侶に話しかけてはいけないと言われていたからだ。チベット人は野蛮で、チベット仏教は迷信に支配されているという態度が透けて見え、これでは正しい理解は得られないのではないかと思った。それならチベットについて自分で勉強しなくてはと思ったが、チベット仏教を知らずしてチベット文化を知ることはできないと感じていた。それで渋々チベット仏教のイロハを学ぶこととする。信頼できる入門書はないかと書店で偶然手に取ったのが、『季刊仏教 №.26 特集 チベット』（法蔵館、一九九四年）であった。

この一九九四年頃というのは、日本でチベットに関する一般書が急に発刊されるようになった時期と重なる。その数年前にダライ・ラマ法王がノーベル平和賞を受賞し、その名が世の中に知られるようになったこともあったろう。また、日本においては、何だか世の中がきな臭い雰囲気になってきた頃でもある。オウム真理教がテレビを賑わし、一九九四年六月に松本サリン事件が、一九九五年三月には地下鉄サリン事件が起こった頃だ。チベット仏教もちまたではオウムの話題の中でカルトと混同されかねない時期でもあった。

この『季刊仏教 №.26 特集 チベット』を手に取った時、チベット仏教の専門家は誰なのかを知るには良いテキストではないかと思った。パラパラと見たとき「チベットの5つの精神文化」という項が目に止まり、さらに中沢新一、奥山直司、田中公明、福田洋一、石濱裕美子氏らが名を連ねてそれぞれ論考されていた。この先生方が正当な学者なのであろうと考えた。とりあえずこれから始めて、ここに登場する先生方の書籍でさらに勉強しようと考えた。特に「チベットの5つの精神文化」（イェーシェー・ラモ訳）は、チベット仏教四派とポン教の基礎を学ぶテキストとして現地のフィールドワークでもとても重宝した。そして論文を読みながら、奥山直司先生は一九八六年、初めてのチベットで偶然ギャンツェにてお会いし、現地で直接ギャンツェ白居寺の「チベット仏教のパンテオン」についてお話を聞いた方だと思い出した。この時代に出版された以下の書は初期テキストとして今でも私の書棚の一角にある。

◉田中公明『チベット密教』（春秋社、一九九三年五月）
◉『季刊仏教 No.26 特集 チベット』（法蔵館、一九九四年一月）：イェーシェー・ラモ訳「チベットの5つの精神文化」、石濱裕美子訳「偉大なる行者ミラレパの伝記」、奥山直司「仏と神のパンテオン」、中沢新一「光からの世界の生成――ポン教ゾクチェンの教え」、福田洋一「空と縁起――仏教思想における非実体性と関係性」、田中公明「『時輪タントラ』（カーラチャクラ）への導き」、松本栄一「聖山カイラース巡礼」、石濱裕美子「僧形の王（Priest King）ダライ・ラマ」
◉ロサン・ガンワン／平岡宏一『チベット死者の書〔ゲルク派版〕』（学研、一九九四年十二月）
◉平岡宏一／石濱裕美子監修『チベット密教の本――死と再生を司る秘密の教え』（学研、一九九四年一月）

『チベット死者の書』はNHKスペシャルで一九九三年に放映（脚本：中沢新一）され、ニンマ派（旧訳古派）版の死者の書「バルド・トドゥル」が紹介された。それに対し、ロサン・ガンワン／

平岡宏一著『チベット死者の書』は最大勢力のゲルク派版である。死と輪廻転生の構造、死ぬための心得など、ニンマ派版とは異なるゲルク派の秘伝書『死者の書』を全訳初公開された。これは、平岡宏一先生にしか成しえない画期的なものであった。

これらの先生方が最初の文献上の師である。これらを通読した程度でも、当時登山界では「チベット仏教通」と誤解されるようになり、いつからか解説などを担当しなければならなくなった。それでチベット・ウォッチャーをしていたところ、石濱先生のブログ「白雪姫と七人の小坊主達」に目が止まりフォロワーとなった。

二〇〇八年夏、そのブログに突然、出雲の峯寺の名が登場したのだ。チベット仏教に接して十年以上が経過していた。なんと、ロサン・ガンワン先生、平岡先生、石濱先生など、一九九四年からのチベットの文献上の師が、出雲に突如降臨されたのだった。これは僕にとってビートルズが日本に、ダライ・ラマ法王が出雲にやってきたくらいの驚きだったのだ。

二〇〇〇年頃からは大幅にチベットの未開の地に入れるようになっていた。チベット仏教文化を知らない登山隊や観光客が地域と接することで本人たちには不本意ながら、山やチベットの人々の心を穢すことになってしまい、チベット各地で摩擦が生じていた。それで立場上「山から見たチベット仏教」を研究し問題解決を図れないかとの要望を受けることになってしまった。石濱裕美子先生の文献も読ませていただき、勝手にチベット仏教の導師と仰いでいたあの先生が出雲の峯寺に行かれたとは、なんという因縁だろう。これは峯寺の観音堂に再びお参りにいかなければならないと思った。

二〇〇八年夏、三刀屋川は雨にけむり、下から峯寺弥山を仰ぐと暗雲が垂れこめており、低山ながら深山幽谷の様相で少し躊躇した。この躊躇のまま、この日峯寺に登っていなければまた違う運命だったかもしれない。気を取り直し弥山への道を上る。登ると雨は上がり、雲が切れて陽射しの中に山門が見えてきた。山門は新しくなっているのか、印象が違い、少し不安な気持ちになった。

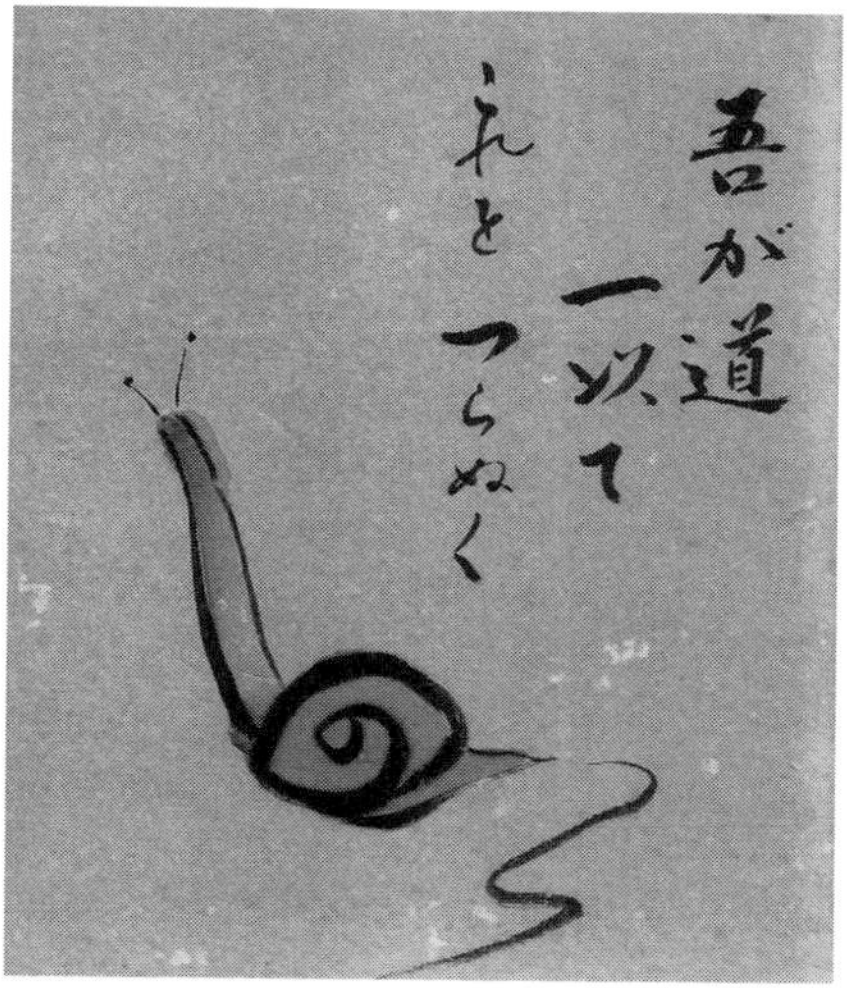

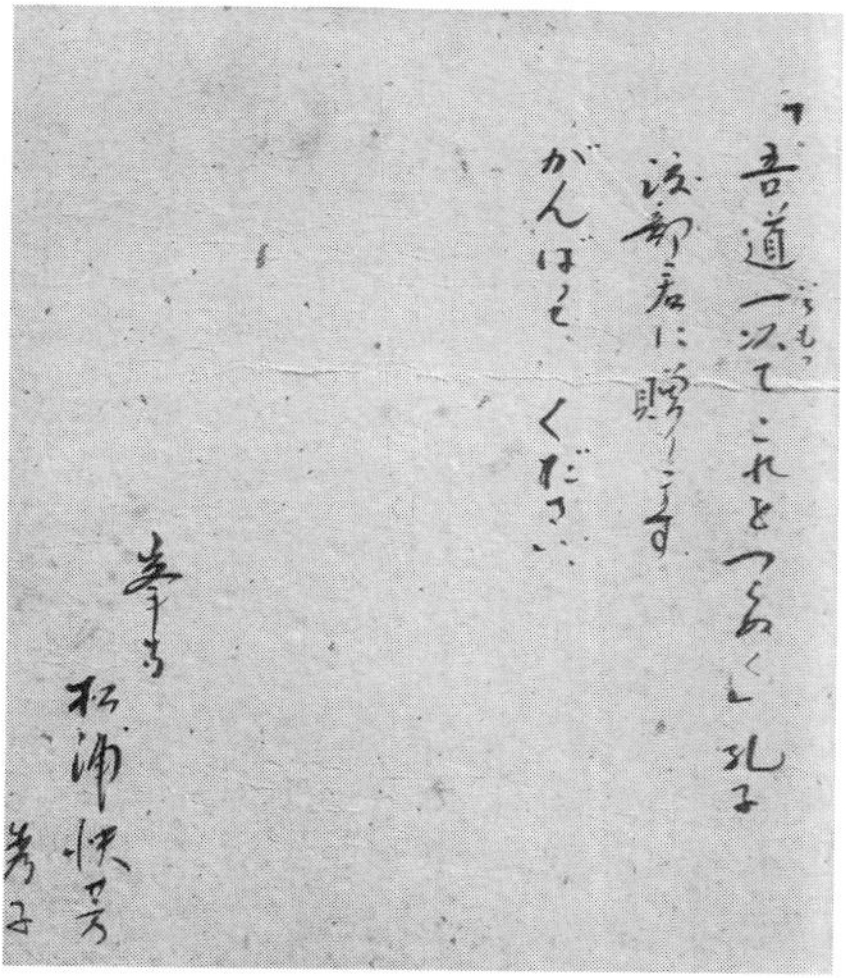

峯寺住職からいただいた色紙
（1977年、高3の夏）

寺を覗くと偶然、快芳住職の姿が見えた。歳月が一気に戻った気がした。僕は一枚の色あせた色紙を取り出し「三十一年前にこれを頂いた者です」と言うと、ご自身が書かれた色紙を手に取り、不思議そうな顔をされながら「まあ上がりなさい」と寺の書院に通していただいた。

急な訪問にもかかわらず、住職には茶室でお茶を点てていただいた。三十一年前の十七歳の僕はこの住職が点てるお茶がなんとも苦手だったことを思い出した。静寂の中、狭い茶室で茶筅の音だけがカサカサと響き、僕の心の中を掻き出して、観音堂での無作法など全てお見通しなのではないかと思ったものだ。当時の住職は眼光鋭い行者の様相だったが、今は長い山寺での修行で悟りを開かれたのか寛容な老僧のようである。お茶をいただくこちらも、どうぞ心の中を見てくださいという気持ちで茶筅の心地良いリズムの音を聞いていた。

住職は「私は色紙を描くというようなことは、めったにしなかったがねえ」とおっしゃった。不思議そうな顔で色紙と私の顔を見入られたのは、そんな理由があったのだ。「吾が道一以てこれをつらぬく」と揮毫され蝸牛の絵を横に添えられたこの色紙は、十七歳の夏、峯寺を後にする日にいただいた確かに快芳住職自筆のものだ。裏には「渡部君に贈ります」とあり、大学卒業後「海外登山の仕事」というあまり前例のない道を選んだ時に強く背中を押してくれた言葉でもある。

大黒さん（住職の奥様）と若い副住職（現住職）も集まり昔話とチベット話に花が咲いた。峯寺には嫡男がいらっしゃらず副住職は養子とのことだが、顔を見て驚いた。なんと当時の化学鬼恩師と笑顔がそっくりなのである。それもそのはず、鬼恩師の息子さんの快遍さんで、ちょうどあのころの恩師と同じ年代なのである。大黒さんはこちらが忘れていた当時の小さなエピソードまでよく覚えていらっしゃり恥ずかしかった。

そして峯寺とチベット仏教との関係について教えていただいた。住職夫妻には三人の娘さんがあり、三女のHさんは僕が閉じ込められた当時は、可愛らしい三つ編み髪の中学生だった。その後、何と縁あってあの『チベット死者の書』の平岡宏一先生と結ばれ、ロサン・ガンワン先生の来日の際のお世話もされているとのこと。何ともここで文献の師がどんどんリアルの世界で繋がっていき驚愕したのであった。

談笑後、チベット探検の拙著を奉納させていただいて、本堂を後にした。この不思議な現象の余韻に浸りながら、足はひとり懐かしの観音堂へ歩を進め、三十一年ぶりに参拝したのであった。チベットは観音菩薩に守護されている。僕がチベットを心地よいと思う理由が、今になってなんとなく理解できた。この観音堂の中で、観音様に包まれての起臥がよほど心地よかったのが因縁なのだ。観音様にこの堂内での当時の数々の非礼をお詫びしながらチベット式に「オン・マニ・ペメ・フン」と観音菩薩の真言を唱え、手を合わせた。ふと「お前はまだここに居る」と言われた気がした。もしかしたら僕は、この観音様のおかげでチベットを往来させられていたのかもしれない。暗い観音堂の中を覗くと、そこには粗野な三十一年前の僕が寝そべって、こっちを見て笑っているような気がした。

この日のことを石濱先生のブログにコメントで報告し、それが縁となってその後親しくさせていただいている。峯寺との奇縁は石濱先生、平岡先生と繋がって行き、その後、峯寺で行われたチベット密教高僧による灌頂にも参加させていただくことになった。

灌頂とは、チベット仏教において、頭頂に水を灌いで諸仏や曼荼羅と縁を結び、正しくは種々の戒律や資格を授けて正統な継承者とするための儀式のことをいう。つまり入学式のようなもので、その後の種々の戒律というのが難問ではある。しかしあまり気にせず、二〇一〇年、「ミスター入中論」という異名を持つチベットの高僧、ロサン・デレ阿闍梨によるチッタマニ・ターラーの灌頂を授かった。この時三十三年ぶりに三女のHさんとも再会した。そして、二〇一二年には故ロサン・ガンワン先生の筆頭弟子であるチューロ・リンポチェ（転生ラマ）による白ターラー尊の初灌頂を授かることができた。

このチューロ・リンポチェの出雲入りでは不思議なことが起きた。灌頂の翌日、リンポチェに出雲大社を案内しようと関係者で出かけた。リンポチェに、ここには日本のゴンポ（マハカーラー、チベットの大黒様）が祀られているのですと説明していると、赤茶色の袈裟姿が目立ったのだろう、出雲大社の神職の方が声をかけてくださり解説していただくことになった。リンポチェはどんどん歩いて行き八足門の前で立ち止まると門を指差した。出雲大社の神職の方が突然神に憑かれたかのように門を開錠し、我々を中に入れてくださった。私も八足門内で拝観するのは初めてで有難い体験であったが、出雲大社史上チベット僧、しかも転生ラマが八足門内に入るのも初めての

チューロ・リンポチェと出雲大社八足門内に入る

出来事であっただろう。これもチベットのゴンポ＝大黒様＝大国主命の奇縁なのかもしれない。垣根の外からは一般参拝者が不思議そうな顔で覗き込んでいた。

その後、峯寺では現住職、つまり鬼恩師の息子、快遍さんと「チベット・フェスティバル」と称して、高校時代の同級生らに運営を協力してもらい毎年チベットを知ってもらうイベントを開催することとなった。また、石濱裕美子先生の近著『物語 チベットの歴史』（中公新書、二〇二三年）では写真を多く提供させていただいた。長年チベットの隅々まで出かけて撮った写真が石濱先生のチベット歴史書で、しかも中公新書とコラボできるとは光栄であり有難い縁である。

十七歳の峯寺観音堂で寝そべっていた僕

は、このような奇縁が結ばれていくことになるとは知る由もなかっただろう。

最初にチベット仏教のテキストとして重宝した『季刊仏教№26特集チベット』（法蔵館、一九九四年）の中のイェーシェー・ラモ訳「チベットの5つの精神文化」であるが、その後いくらチベット仏教との関係が深まっても、このイェーシェー・ラモ（イェーシェーは如意、ラモは女神の意）という人物の名を見ることはなかった。在日チベット人なのか翻訳家なのかと不思議に思っていた。ふと石濱裕美子先生に、この人物について何かご存じですかと聞いてみた。すると「イェーシェー・ラモと十回唱えてごらんなさい！」と妙なことを言われた。律儀にもやってみる。

「イエーシェー・ラモ、……イシー・ハモ、……イシハマ！」。

なんだ、石濱先生の訳文だったのか。お茶目で、さもありなんというペンネームで力が抜けた。

ついでにもうひとつ落咄。峯寺に僕を閉じ込めた高校の化学鬼恩師、岩浅宏志先生とも再会した。その時チベットに行くのが夢だとおっしゃったので、翌年ラサ、デプン寺のショトン祭りにからめ聖地巡礼の旅を企画して恩師ご夫妻をご案内した。その際に高校時代の峯寺の夏の出来事についての話となった。あれは先生には先見の明があったのですねというと、「いや、あの夏わしゃ勉強せん問題児のお前さんらをどげしたらいいもんかと思ったが、ヨーロッパ観光旅行に行くことにしちょったもんだけん補習もできん。そーで峯寺に閉じ込め連絡が取れんやにしたんだわや」と、なんとアリバイ工作が真相だったのか。

「山から見たチベット仏教」を研究するにあたり、峯寺と縁のある先生方の書籍をテキストにしていたことは、まさに仏縁としか思えない。チベットの高僧、ロサン・デレ阿闍梨は峯寺弥山の霊験の強さを指摘され、ここはチベット仏教的には修行にはとても良い場所だと言われた。峯寺弥山は『出雲国風土記』には伊我山とあり、風土記に名があることからも古代から神山として崇拝されていたと思われる。このような神のこもれる山のことを出雲で「カンナビ」という。一般的には「神奈備」と書かれるが、『出雲国風土記』には宍道湖の周りに配置された四つのカンナビが登場する。それぞれ、意宇の「神名備野」、秋鹿の「神名火山」、楯縫の「神名樋山」、籔川の「神名火山」、と書かれている。

この中で意宇の「神名備野」は茶臼山といって松江の実家のすぐ近くにあった。小学生の頃この山で妙な体験をしたことがある。近所のクラスメイト達三人で茶臼山には良く登った。当時は登路も不明瞭で藪漕ぎで進み、山頂に立つと鬱蒼とした木々や蔦が生い茂っており、小学生には探検的な充実感があった。ある日、下山すると茶臼山直下の畑に古老がいたので、子供だけで登ったのだと自慢してみせると、「カンナビに登って威張あもんじゃない、本当は登ってはいけない神の山だ」と言われ、褒められるとばかり思っていたので意気消沈してしまった。

古代には山頂部で王の遺体を風葬にした場所だったのだ。その日は下山後に茶臼山を巻いて、伐採されて土がむき出しになったばかりの場所があったので、そこを探検しようということになった。掘られたばかりの斜面に洞穴がいくつか露出していた。中に入ると広く石の床のようなものがあった。昔の防空壕だろうと誰かがいうので、戦争ごっことなり、石の床は負傷兵のベッドだとし、寝転んだりして遊んだ。

翌朝起きると異様に目が腫れていた。母は汚い手で目をこすったのでしょうと言っていたが、学校に行くと遊んだ三人とも目が腫れ蕁麻疹のようにむくれていた。あれは防空壕ではなく、発掘中の古墳で、ベッドにして寝転んだのは石棺だったのだと後で知る。今思うとそれは、後に「十王免横穴墓群」と呼ばれる古墳だったのだ。そして友人は、茶臼山に登ったので罰が当たったのだ、あの畑の古老は古墳の霊だったのだと言って恐れていた。

チベットで神山についてフィールドワークを行う際にこの体験を思い出し、古老の言葉は、現地の人々の心情を考える際に実体験として参考になった。チベットの神山と出雲のカンナビに同じような信仰上の神聖さを感じることができたことは意味ある体験だったかもしれない。

チベットの登山における信仰上の課題

リスクム・ゴンポ（三部主尊）という名のユラ（土地の神）

出雲や自分の一族に興味を持つようになり、帰省の折に時々地元出雲でフィールドワークを始めたころ、チベットにおいてまた新たな研究課題が発生した。それは、登山隊と地元の人々との間に度々発生する信仰上のトラブルについて、登山関係者としてきちんと整理して対処すべきだという気運が高まってきたことによる。松本徰夫先生が「渡部はチベットの現状にも詳しいし、チベット仏教を理解している登山家としても希少な存在だから」ということで私に「チベットの登山における信仰上の課題」について考察し、まとめるようにとの宿題を課された。

それをまとめて、横断山脈研究会、及びヒンズークシュ・カラコルム会議、日本山岳会などで発表したものが、以下である。チベットにおける産土神としての神山、日本・出雲の神名備山としての神山の比較においても参考になると思うので以下に掲載する。

チベットの登山における信仰上の課題

無名峰とは山名未確認峰である

中村保さんが長年にわたり探査し世界に向けて情報を発信されていることにより、世界のクラ

成都からラサへの機窓から望むカンリガルポ山群

イマーから注目されはじめたのが『ヒマラヤの東』（山と溪谷社、一九九六年）つまり東チベットの山々である。ヒマラヤの東端部から横断山脈にかけて幾重にも連なる山域が注目される要因は、ひとつは『チベットのアルプス』（山と溪谷社、二〇〇五年）と呼ばれるように急峻で魅力的な山容にある。そして、もうひとつの理由は、そこが「未知」であることである。東チベットの山々はまだまだ「未知」であり地図上に山名表示があるのはごく僅かである。また、山名があったとしても信憑性に欠ける場合も多い。地図に山名が無いからといって安易に「無名峰」と片付けるのは拙速だ。ましてや、無名峰だからと外国人が何かの記念に人物名などを勝手に山名とすることは慎むべきことである。山麓に村落や放牧地がある場合や、古くからの交易のルートから望める山々には、知られていないだけで地元には古くから口承された山名が必ずあるはずである。

日本山岳会福岡支部は一九九七年に横断山脈を訪れ

ラグ村からラグ氷河奥の山峰を望む

5000メートル峰からラグ氷河を見下ろす

たことをきっかけに中村保さんに影響を受けてきた。そしてこれらの山域が大海の一粟《いちぞく》を探すような、途方もなく広大な世界であることを実感し、二〇〇一年から主にカンリガルポ山群に絞って踏査を続けた。カンリガルポ山群で山麓に住む人々と交流するうちに、無名峰と思っていた山々にも山名が存在することを知り、またそれらの山々が村人たちの暮らしに密接に関わっていることを感じた。現地で山名を聞き取り調査すると、同じ山でも見る村によって名前が異なっていたり、村人と僧侶が言う山名が違っていたりした。チベットが中国領となったことにより、チベット語の山名や地名が漢字で当てられ記録されるようになったが、これにも問題がある。漢字が表意文字でもあるため、チベット語と違う意味がひとり歩きする場合がある。一例を示すと、カンリガルポ山群にあるチベット最大級の氷河、ラグ氷河は、チベット人からは「峠《ラ》九《グ》つ」の意味であると聞いたが、漢字では「拉古氷河」と当て字され「古い峠」の意味になる。また文献によっては「来古氷河」と当て字され、漢字の意味から「いにしえより来る氷河」と説明されたものもあった。チベット語を知らない中国人が漢字から意味を判断したのではないかと考えられる。

山名を調査して山岳概念図を作り山座同定し、まがりなりにも世に出すためには、山名をどのような基準で採用すべきか私には悩ましい問題であった。そして、山名調査を重ねるうちに、「ユラ」という言葉を度々聞くようになった。

土地の神山「ユラ」とは何か

山名が明らかになっていなかったカンリガルポ山群で山名調査を重ねるうちに、山名の採用基準として土地の神山「ユラ」としての名が重要ではないかと考えるようになった。「ユ・ラ」とは

シュデン・ゴンパのユラ、鋭峰ドジツェンザ

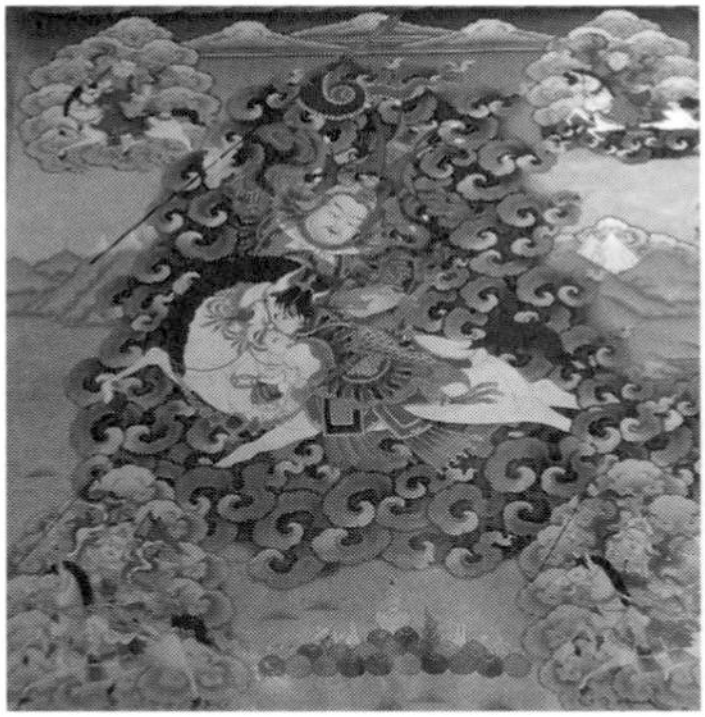

シュデン・ゴンパのユラのタンカ

「ユル」すなわち「土地、故郷」と「ラ」すなわち「Lha、カミ、尊格」の複合語で「土地のカミ」を意味する。ゴンパ（僧院）やその地域毎に存在し、土地の領土神であったり、ゴンパで最も重要な尊格であったりする。「ユラ」を日本語でどう訳すべきか、いろいろ調べてみたが、日本語訳どころか「ユラ」を解説した文献をまだ知らない。調査した感覚として「ユラ」は比較的狭い範囲の土地を守る尊格であるようだ。チベット三大聖山といわれるカン・リンポチェ（カイラス）、カワカブ（梅里雪山）、アムネマチンなどのようにチベットの広範囲で聖山として信仰される対象とは、どうもニュアンスが違うようである。したがって、チベットの聖山には広域と狭域の双方のカテゴリーがあると考えたほうが良いのかもしれない。その山が「ユラ」であるならば、違う名前があったとしても、その尊格名（神名）を山名とするのが信仰を尊重する観点から一番良いのではないかと考えるようになった。シュデン・ゴンパから見える鋭峰ドジツェンザ（五六六二メートル）、ソンゾン・ゴン

パンテン・ラモ（パルデン・ラモ）峰

パルデン・ラモ像

パのすぐ南背後におおいかぶさる大岩峰、パンテン・ラモ（四九三〇メートル）などは「ユラ」の名を聞き取って採用した山名である。

興味深いのは「ユラ」が山そのものとして存在し、「山」が崇拝される対象であることである。そして同時に「ユラ」は地域によりそれぞれの対象を持つことから、「探検や登山」という行為が宗教上入域可能な地域と、許されない聖域という単純な二者に分類される可能性において、きわめて重要な観点ではないかと考えるようになった。

チベット仏教に詳しい密教学者である奥山直司先生が「アムド（青海省）は産土神信仰が盛んで興味深い」と発言されていたことを偶然知り、それが私の知る「ユラ」のことではないかと思った。そこで、日本における「産土神《うぶすなのかみ》」とは何かを一応調べてみた。現在の日本の神社庁は氏神《うじがみ》＝産土神《うぶすなのかみ》としているが、このことが混乱を招いているように思う。元来、神仏分離以前の日本の宗教観では、産土神と氏神を異なる神として区別していたようだ。産土神とは、土《すな》を産み出す神、大地を始め万物を産み出す神である。産土神がその土地を守護する。つまり、その土地に生育する作物、植物、河川、その他の自然物をはじめ、その土地に住む人間の生活全般に密接に関わる働きをする。これはチベット人が「ユラ」に対して抱いているだろうと私が感じた感覚に非常に近いものであった。かつての日本とチベットに同じような信仰があったことはたいへん興味深く、密教の専門家がチベットの領土神を「産土神《うぶすなのかみ》」と表現されたこともあって、私は「ユラ」を日本語では「産土神《うぶすなのかみ》」と訳すのが相応しいと考えた。

アムネマチン峰の神マチェンポムラ
（瑪沁の街中にあった壁画）

ラプギャ・ゴンパのマチェンポムラ

ラプギャ・ゴンパのアニ・キョンゴン

チベット人は「ユラ」を場面により三つのイメージでとらえている。一つは日本人が神道の「カミ」に持つイメージと同じように、目には見えないが自分に直接的にはたらきかけをしてくれる存在。二つめはゴンパなどの壁画やタンカ（仏画）に擬人化して描かれる神像である。チベット仏教には仏を守護する尊格をイメージし観想する修業法があるので、神像図はそれを助けるものである。三つめは山そのものが「ユラ」なのである。チベットの広範囲でゴンパ（寺）を回って調査すると、近くに「ユラ」としての神山があって、ゴンパの中にはその「ユラ」の神像図があるのである。ここで重要なのは、神像図はあくまでも人間が創った観想のための偶像であるが、山が「ユラ」の本体であり、崇拝と畏怖の根元であることだ。

チベットの「ユラ」は土地それぞれに、まさに八百万存在するが、その土地の人にとっては最も重要な聖山である。土地の人にとってはチベットの広域で信仰される三大聖山や八大聖山と同様に、ある意味ではそれ以上に重要な聖山であるのかもしれない。アムネマチン峰の近く、アムドの黄河のほとりに建つラプギャ・ゴンパ（拉加寺）を訪れたとき、その背後にある岩山がこの寺のユラで、名をアニ・キョンゴンだと聞いた。僧侶がこっそり案内してくれた奥の院の壁画は、まさに秘仏で、アムネマチンの神・マチェンポムラとこの寺のユラ、アニ・キョンゴンが同格に描かれていた。このことは非常に重要である。チベット三大聖山アムネマチンのすぐ近くにありながら、寺のユラがそれに匹敵するくらい重要であることを意味するからである。

登山に対するチベット人の感情

チベットの聖山とは何か。梅里雪山に長年通っている京都大学学士山岳会の小林尚礼氏は、チベットの聖山について『梅里雪山――十七人の友を探して』（山と溪谷社、二〇〇六年）で次のように書いている。

梅里雪山を訪ねて間もなく「チベット人にとって聖山とはなにか」との疑問を抱いたが、通い続けるうちに「聖山とは生命の源である」との理解を得るにいたった。梅里雪山がモンスーンを受けて降雨をもたらし、森と氷河を育み、生命を生かす。その仕組みを一望できるのが大峡谷地帯のこの土地の特徴であり、そこに神（創造主）を見出すのは自然である。また、登山者であった自分が、チベット人の信仰を集める梅里雪山〔カワカブ：最高峰六七四〇メートルのチベット名〕に登るべきではないと考えるようになった。梅里雪山から学んだ「人間の背後にある自然」が、撮影の大テーマとなった。

不屈の精神で梅里雪山に挑んだ小林尚礼氏が、その後「登るべきではない」と考えるに至ったのは、チベット人にとっての聖山と共有する感覚をもったことによるのだろう。では、チベット人が登山隊にもつ感情にはどんなものがあったのか、二、三、トラブルの実例をあげてみたい。

梅里雪山（カワカブ）と明永氷河

京都大学の梅里雪山ではまず、徳欽地方政府の妨害があったという。おそらく地域住民の反発により地方政府が動いたのであろう。中国登山協会の許可に対して地方政府が反発したわけであるが、登山協会の説得により登山は開始された。しかし、チベットの広範囲で聖山として信仰されるカワカブには地域住民だけでなく、チベット中から巡礼者が訪れる。登山隊が登山行動中も、カワカブの礼拝所では多くの巡礼者が、山を汚したことに対しカワカブ神に許しを乞うかのような祈りを続けていたと語りつがれていた。

日本隊にとって初めての経験となったのが日本人による初の八〇〇〇メートル峰マナスル遠征だ。第一次登山隊の体験によって頂上への希望を確信し、一九五四年第二次登山隊が編成される。堀田弥一氏を隊長に四人の隊員がマナスル征服に燃えて出発したが、サマ集落付近で地元民に進路を妨害され、結局目標をガネシュヒマールに変えなければならなくなった。

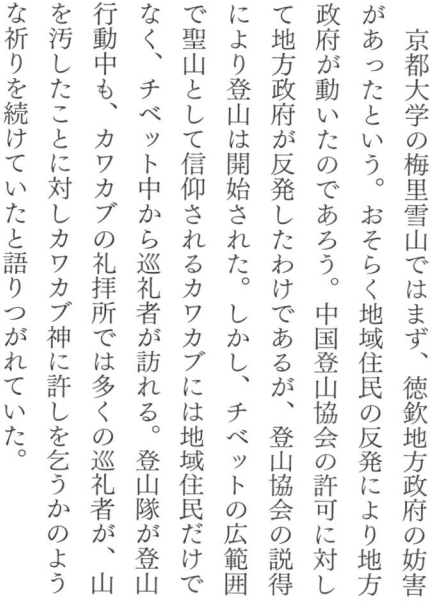

広範囲で聖山として信仰される山峰の登山は、その影響力も大きいので困難であると考えた方がよい。聖山だと知られている山はほとんどが、この広範囲で聖山として信仰される山である。しかし、産土神としての神山「ユラ」は無数に存在し、そのことはほとんど知られていないのである。中国当局や登山協会もそのことに無関心であるといわざるをえない。二〇〇九年夏、東北大学山の会の布加崗日（プジャイカンリ）登山隊が、チベット登山協会から登山許可が出ていたのにもかかわらず、地域住民が神山で信仰上反対しているという理由で山麓に入ることができなかった。あまり知られない地方の神山でのこのような事件は注意すべき事例である。

最初から登山許可が下りないのであればしかたないが、登山許可証を取得し高額の登山料や渡航費を払い、すべての準備を整えて山麓まで迫った登山隊が突然登山中止となることは悲劇である。残念ながら中国登山協会やチベット登山協会は、今まで信仰に関して無関心であったと言える。東北大学山の会の場合、全ての許可になんら不備はなかった。登山許可（西藏自治区体育協会）、入域許可（自治区外事弁公室）、公安許可（西藏公安辺防総隊）、人民解放軍許可（西藏軍区司令部作戦処）を取得していたのにもかかわらず、最後の最後に住民が反対したことにより、地方県の公安が入域を許さなかった。チベット人の中国統治に対しての不満が各地で抗議行動になっているが、北京五輪を境にチベット問題が世界中で注目されることになった。そのこともあって中国当局やチベット自治州政府が非常に神経質になっていることもうかがえる。このような現状に対し我々は今後どのように対処すればよいのであろうか。

シェルパの山岳観が示唆するもの

ネパールヒマラヤ、ロールワリン地方の著名なサーダー（シェルパ頭）が興味深いことを話してくれた。彼は地元のニンマ派のゴンパで修行をした経験を持つンガッパ（在家密教行者）でもある。

往年の名シェルパは在家密教行者でもある

「ユラ」はその地域において重要であり、どの地域でも、その地の「ユラ」が最も重要であるという。「ユラ」という産土神の神山は土着の信仰なのである。これは、古く仏教伝来以前からの土着神、地方神というものが仏教パンテオンに組み込まれる上で、地域性、独自性を保ちながら強固な力を発揮できるようにしたことを意味するのだろう。ガウリシャンカール峰はロールワリン地方で非常に熱心に信仰される「ユラ」である。このサーダーにガウリシャンカールの登山隊を依頼された場合はどうするかと質問した。すると彼は、宗教儀式が非常に重要であり、スタッフの心情を考え、シェルパは地元ロールワリンからではなく隣のクーンブ地方から選抜するだろうと言った。これには私は驚いた。シェルパ族の故郷クーンブ地方ナムチェのユラは背

シェルパ族の故郷ナムチェのユラは背後のクーンビラ

後のクーンビラ（五七六一メートル）という登山的にはあまり興味を持たれなかった低い山である。クーンビラは英字地図ではKhumb Yul Lha（クーンブのユラ）と書かれる。まさに「クーンブ地方のユラ」なのだ。

実はこれがクーンブ地方のシェルパがヒマラヤの高峰登山で活躍できていた理由なのである。地元のユラが一番神聖で、シェルパにとってはクーンビラさえ登山禁止にしておけば、チョモランマ（エベレスト）であろうと他の高峰であろうと割と無頓着でおられるのかもしれない。シェルパは外国人登山隊が知らないところでこのような秘策を行っていたのである。

チベットの人々は自分たちを取り巻く大自然の中に、ニエンやツェン（天空神）、サダク（地主神）、ル（水の神）などさまざまな精霊の存在を感得してきた。それらの神の怒りを鎮め、福を招くために、その意向をうかがい供物を捧げて祈る。シェルパが登山隊を受け入れる上で行う宗教儀式は、地元の神々に許しを得ると同時に、その力にすがって守護をお願いする祈りだという。チベット人の現実とは仏教の伝統的で現実的プロセスによる世界観に基づいたものである。神は眼に見えなくても直接的にはたらきかけをしてくれる存在であり、自らが功徳を積むことで、ご利益を得るということが、きわめて現実的な営みとしてとらえられている。

それではチベット人は登山をすべて反宗教的行為とみているのかというとそうではない。ラサ盆地を形成する周囲の八つの山々は、チベット八吉祥（タシ・タゲ）を象徴しており、そのひとつに宝瓶（プムパ）の山、プンバ・リがある。かつてダライ・ラマ法王の誕生日をチベットの人々が祝福するために登山した山である。現在は中国政府により禁止されているというが、祝福登山という形態もチベットにはあるのである。また、象徴的な逸話として、チベットで最も聖なる山とされているカン・リンポチェ（カイ

クムジュン僧院のクーンビラのタンカ

ラス）に登った行者の伝説もある。「名高い雪の山ティセその頭は雪に覆われている。それは仏陀の教えが白く清いからだ」十一世紀のチベット仏教カギュ派の密教行者ミラレパはカイラス山をこのように讃えた。伝説ではミラレパはポン教の行者ナロ・ボンチェンとカイラスの頂に登る競争をし勝利したとされている。その他にも山で修業し山に登った行者の話はチベットでは良く聞く。宗教上許される行者の登山もあるのだ。

シェルパが信仰と登山をどのように解釈して登山隊を受け入れていたのか、この研究は今後重要になるであろう。チベット人の信仰心がチベット民族の要であることを知ると、単純に信仰を捨て経済面だけを優先したとは考えにくい。シェルパの名サーダーとは、もちろん登山技術や経験、リーダーシップなどの力が大きいが、部下のシェルパが安心して力を発揮できるよう仏教的な解釈で道を諭し、「荒ぶる神」を「祝福の神」に変える業を備えているように思えるのである。

ヒマラヤ登山の歴史とは、登山行為そのものよりも、実はシェルパによる功徳と仏業の歴史、言いかえればチベットの神の許しの歴史でもあるのかもしれない。ヒマラヤを重要な観光資源とし「神々の座」を国策として外国人に開放してきたネパールのチベット族シェルパと、中国に属する現在のチベット族とでは考え方に違いはあるかもしれない。しかしチベット仏教の伝統的な基層は同じであり、シェルパが自らの解釈で歩んできた道は、現在のチベットにおいても、きわめて重要な示唆をあたえている。

登山を許可するのは誰か

このように考えてくると、中国登山協会やチベット登山協会を窓口にした中国政府の登山許可とは、実は地元不在の許可であって、外国登山隊はこれらの許可を取得しただけで安心するわけにはいかないということである。最終的に登山を許可するのは、土地の人々の心ということである。中央政府と地域の温度差、漢族とチベット族間の感情、外国人に対する警戒心などを理解し、その障壁を根気よく取り除く必要がある。チベットではネパールのシェルパのように、当局と地元と登山隊を相互理解の上で結びつける秘策をもっていないのである。

具体的には、登山隊が対象となる山の選択において考えなければならないことは、その山の地元での意味や位置づけ、具体的には「ユラ」でないのかどうかを調べるべきである。登山協会など受け入れ機関を通して地方の政府機関に事前に確認をとることは最低限必要である。もし偵察隊派遣が可能であれば、ルートの偵察とともに重要なのは、地元民が登山に対してどのように感じているかを調査することである。そして入山の前には、できれば地元の僧侶の協力を得て、安全祈願を行ってもらう。これは地元の産土神「ユラ」の許しをお願いし、登山隊が登山をとおして、地元とチベットの平安を祈る姿勢を示すことではないだろうか。

近代登山、西洋式アルピニズムは我々日本人にも登山技術と登山観の変化をもたらした。しかし本来日本人が持っていた山岳信仰や巡礼登山の考えは、立ち返るべき登山思想の宝庫かもしれない。百名山ブームや、一極集中登山、何か余裕もなくガツガツしたピークコレクター的登山を見ていると、チベット人でなくとも眉をひそめたくなる。我々は密教行者ミラレパになることはできない。しかし、登山というものを近代的スポーツととらえるよりも、日本人が持っていた山岳信仰などに立ち返り、修行や菩薩行ととらえることはできないだろうか。これは、自己欺瞞的な精神論かもしれない。しかし、その精神が自ずと、地元民の心情に配慮した登山とか、聖山を汚さない登山というような視点でとらえられるのではなかろうか。

登山と信仰との相生をめざして

私は探検や登山において、入域が許されない聖域と、許される地域との区別を、行政的規則とは別の観点、つまり「チベットの精神文化」を拠所として、自分なりに解釈したいと考えてきた。今感ずることは、受け入れ側の問題とは別に、訪問者側の素質の問題が重要ではないかという点である。少なくとも、今は昔となった西洋的な「山を征服する」という発想では、侵略者か、チベット的にいえば、鬼神調伏の宗教改革者なみの業がいることにもなりかねない。複雑なチベット仏教の教義、文化を背景とした聖域、地域の信仰の要ともいえる「ユラ」の存在は、探検や登山の選択において極めて重要な尺度としてとらえざるを得ない。また、魅力的な山岳や地域は、聖山、聖地として存在する可能性は極めて高く、そのチベット仏教的解釈や背景を理解することは、重要な課題となろう。

異文化を理解するということは、遠い道のりである。しかし我々の探検や登山の激しい衝動は、巡礼者や修行僧の求道心と同様に抑えることはできない。聖地を崇める、あるいは畏れる気持ちと、聖地に到達して探求したいという情熱は通ずるものがあるのではないかと問いたい。我々日本人の古代山岳観や山岳宗教観も大いに学ぶ必要もあるだろう。地域と訪問者の関係は仏教風に言えば相克《そうこく》から相生《そうしょう》に向かうことにより、共生できる道があるはずだ。チベットの大地において土着のカミと伝来したホトケは相克することなく「習合」できたのである。登山者と山のカミも必ず「相生」できる道はあるはずである。

〔参考文献〕

松本徰夫、辻和毅・渡部秀樹『ヒマラヤの東 崗日嘎布山群 踏査と探検史』（櫂歌書房、二〇〇七年）
渡部秀樹「山から観たチベット仏教」『YunXiSi No.11』（横断山脈研究会、二〇〇九年）
石濱裕美子『チベットを知るための50章』（明石書店、二〇〇四年）
石濱裕美子『図説 チベット歴史紀行』（河出書房新社、一九九九年）
奥山直司『チベット マンダラの国』（小学館、一九九六年）
奥山直司「仏と神のパンテオン」『季刊仏教 №26 特集チベット』（法藏館、一九九四年）

ヒンズークシュ・カラコルム会議が福岡で開催された際、この「チベットの登山における信仰上の課題」について発表した。私はチベット仏教の専門家でもないし、学者ではないと断わりながら、登山家の立場で現地で見たまま感じたままを基本として話した。質疑応答では、チベット仏教やチベットの山に関する質問があったが、最後に、ある方からちょっと本題から離れる質問があった。これがまた、とんでもない縁につながっていく。

山王寺のス（男）

山王寺の山地神社

山王寺の棚田（秋）

チベット・カム地方やブータンなどの、チベット高原の中では縁辺にあたる比較的標高の低い地域の光景は幼少期の出雲の風景を彷彿させると漠然と感じていた。風景や風俗が似ているというのは、何となく安堵感があるものだ。二〇〇五年、偶然「山王寺棚田」を初めて訪れた時、東チベットの秘境、カンリガルポ山群調査で訪れた美しい氷河村、ラグ（拉古）村から見た景色とオーバーラップし、幼いころから祖父が私に話してくれた言葉がひとつひとつ蘇り、祖父の神楽は棚田を舞台とすることで調和し、共鳴していたことを初めて体感した。ここが祖父が生まれ育った山王寺で、私の祖先の原風景だったのだ。

子供の頃、本家で時々大人たちから出る「さんのうず」（山王寺）という言葉は頭に残っていた。「さんのうずのおっつぁん」が来ることもあったし、「さんのうずのス（男）」という謎の男について大人たちが会話をしていることも知っていた。何となく特別な場所なのだ

山地神社

ろうというイメージを抱いていた。山王寺《さんのうじ》を出雲人が発音すると「さんのうず」となり、「の人」は「のし（のス）」になる。

それから帰省の折り、時間があると山王寺に足を運ぶようになった。フィールドワークというほどでもないが、周辺をあちこち見て回った。ここ山王寺周辺は日本でも最も古い聖域のひとつだ。すぐ下には「出雲」という言葉の発祥の地で、日本初之宮と伝わる須我神社がある。八岐大蛇《ヤマタノオロチ》を退治した須佐之男命《スサノオノミコト》が、妻となった奇稲田媛命《クシイナダヒメノミコト》とここに新居を構え、その時、美しく立ち上る雲を見て〝八雲立つ出雲八重垣つまごみに八重垣つくる其の八重垣を〟と日本初の和歌を詠んだ場所だ。このことが「出雲」の語源だと伝わる。そして不思議なことに気が付いた。山王寺の「寺」とはなんだろう。「寺」が付くのにそれらしい寺の痕跡は見つからない。また、今まで誰からもここの「寺」について聞いたことはなかったのだ。

山王寺の村落から上部に登ると森となり、さらにその上部の背後の山に大己貴命（おほあなむち＝オオクニヌシ）を祀る山地神社があった。ここの由緒を見てその「寺」の謎が解けた。山地神社は山王地神社の略だという。山王寺という地名は誤記から生じたようだ。当初は山王様の鎮座する地である山王地と書かれていたが、いつしか山王寺と誤記されるようになった。

山王寺では、ただ棚田展望台からの展望を楽しみ、東チベットのラグ村の景色と重ねながら物思いにふけるだけということが多かった。そんなある日、展望台にひとりの老婆が手押し車を押しながらゆっくりと登ってきた。手ぬぐいでほお被りをしたその姿を何となく在りし日の祖母の姿に重ねながらぼんやりと眺めていた。やがて老婆は展望台のあずま屋に来て僕の横によっこらせと腰を下した。


「いい眺めですがあ。おばあさんは山王寺の人かね？」

「そげですよ」

「ここの景色はチベットの谷に似ちょーのですわ」

「あんたチベットの人かね？」

「いんやですわね。出雲人ですわね」

「あら、そげかね。わしゃもう年だだけん」

「おばあさん歳はなんぼになあかね？」

「ははは、もうへ百歳が近いですわ」

そんな会話からはじまり、ここの棚田はどのくらいの歴史があるかと聞くと、「大昔からああてことしか分からしませんわ」と言いながらも、二百枚ほどの田んぼがあると、ゆっくりと手を回しそれに首が直結しているような固い動きで見渡した。

祖父はここの出身で、熊谷に養子に行ったこと、祖父は若いころ山王寺神楽を舞っていたことなどを話すと、「昔から山王寺と熊谷は縁戚同族ですけんねえ」という。そして、何かの拍子に僕がチベットに良く行くと話したところ、その老婆は驚くべきことを口にした。

「出雲人は昔チベットのへんから来たげなですがあ」

「えっ、おばあさんその話、誰から聞きなったかね？」

「……。誰からだてて忘っしぇてすまいますたが、昔からそげだてて聞いちょーますだども。オオクニヌシさんの先祖は大陸の奥から来ただてて言っちょらいた。昔、ここからチベットの方に行ったスもおっただい」という。

私は気が動転しながら、「わしのおずず（祖父）も同じことを言ってたんですよ。おずずはここ山王寺の出ですが」と話すと、なんとその老婆は同じ本家の人であった。

私の祖父は嘉次郎という名だというと、「あらっ嘉次郎さんかね。嘉次郎さんもチベットに行きなっただなかったかいね」という。

祖父は兵役で満蒙地方には行ったらしいが、チベットまで行ったというのはあり得ない話で、この老婆はチベットも満州も中国大陸も一種くたになっているのだろうと思い、結局それ以上の話は進まなくなった。また少し認知症もあるのだろうと思った。というのも、老婆が帰り際に「もう、えにますわ（帰りますわ）、嘉次郎さん」と、私のことを嘉次郎さんと呼んで、手押し車を押しながら道を下って行ったからだ。その姿を見ながら、なんだか暖かな気持ちになっていった。

この時、この老婆との会話はそれだけで山王寺を後にしたのだが、「昔、ここからチベットに行ったス（人）がおっただい（らしい）」という事が妙に気になった。またこのおばあさんは百歳なら祖父と父の間位の世代の人だなとも思った。

次に帰省したときに山王寺でこの話を深く探ることにした。まだ一度も訪れたことのない、祖父の本家であるらしい家を探すことにしたのだ。集落地図板に各家の配置と名字が書かれていた。表札を頼りに探すと、そこは山王寺の棚田の台地に上がる少し手前の、まだ狭い谷が広がったばかりの場所で、家が数軒集まる地区であった。どこも無人の様子であったが唯一ひと気があった一軒を訪ねた。結果的にそこは祖父の本家ではなく分家筋であった。そこでお聞きしたことは、およそ次のようなことであった。

「本家の跡継ぎの人はもうここから都会に出られ絶えた（おそらく私の知る山王寺の叔父・祖父の甥の息子さんの世代か）。昔、ここから大陸浪人になった人がおったらしい。満州から蒙古だかチベットだかの奥地に探検に行かれた人があると聞いたことがある」とのことだった。それは明治の本家の人で、祖父と同時代の人ということになる。実際にどこに行かれたかは不明だが、その後、山王寺には戻っておられず別の兄弟が後を継がれたようだ。この話を聞いた方も遠い親戚ではあるようだが、その人の話はここではあまり触れたくない話なのか、それともこんな昔話を聞きだす私を不審に思われたのか、多くを語りたくない様子が見て取れた。

「昔のことでもうへ誰も知らんけん諦めなさい」と釘を刺されてしまった。もう山王寺では話は聞けないなと思った。

父は子供の頃、大陸浪人とか馬賊になった人に憧れていたと聞いたことがあった。その人は「さんのうずのス（男）」のことではないかと思った。かつて熊谷での法事か何かの集まりで、年配者たちが、祖父は何をしに満州に行ったのかという話をしていたことがある。祖父は詳しくは語らなかったらしいが、日露戦争後の兵役であったので、何か大きな活躍をしたということではないだろうとのことだった。そして、同時期に山王寺のスが東京の探検部か何かに入って大陸浪人になったという話があった。渡航の目的は諜報的なことで、「財筋《たからすず》」にも関係することであったらしいというような会話を覚えている。

幼少の頃に大人たちが何やら小声で話していた記憶が蘇ってきた。宝である勾玉が無くなったままだとか、「山王寺のス」が持って出たらしいとか大人たちが話していたことを思い出したのだ。とにかくその「山王寺のス」は何かと謎であるようだった。この記憶が蘇った時、祖父はその大陸浪人となった人と満州で接点があったのではないかと思うようになった。

出雲神族は祖神の魂の具象化である勾玉を伝えており、その家系を「財筋《たからすず》」と称した。山王寺はその「財筋」と関係ある家系らしい。これは出雲國を興した頃から伝わるものだという。祖父の口伝では「氷の高山の国」から渡ってきた時からということになる。祖先が分かれた際にそれぞれが持って伝えたのではないかという。東に分かれ極東の地に着いた者が出雲族である。勾玉を伝える種族は同族なので争ってはならない。同族は出雲族だけではなく、大陸にもいるからと聞かされていた。祖父の時代に、勾玉が大陸で講和や独立の象徴として、いわゆる威信財として機能する可能性があったのではないかという思いに至った。

令和になってコロナ禍のこと、本家の蔵から祖父がまだ熊谷の渡部家に来る前、大正時代に山王寺に居た頃の軍隊手帳が出てきたと連絡があった。不思議なことに今まで誰も気づかなかったらしく、貴重な資料なので送ってもらうことにした。それは上着のポケットに入るサイズでキャンバス地のカバーがあり、上下、左右に開き防止の留め具が付いている。表には縦字で「軍隊手牒」とあり、中の紙は和紙で袋とじ式になっている。軍隊手帳は軍人としての身分証明書と履歴書を兼ねたもののようで、本人直筆のメモなどは書かないようになっているようだ。勅諭、勅語、讀法、誓文、心得と続くが、ここまでは写植による活版印刷である。その後の個人情報、服役記録、履歴、は毛筆の直筆だが本人の筆ではなく専門の役人が書いたように見える。

それは、明治天皇の勅諭「我國の軍隊は世々天皇の統率し給ふ所」で始まり、大正天皇の勅諭「朕惟フニ國防ノ完備ハ」と続く。次に「誓文　今般御讀聞相成候讀法之條々堅ク相守リ誓テ違背仕間敷候事　右宣誓如件　大正三年十二月一日　嘉次郎」と漢文とおくりがまじった誓文が書かれている。そして大正三（一九一四）年の徴兵から大正十四年の招集解除までの「履歴」が記載されていた。

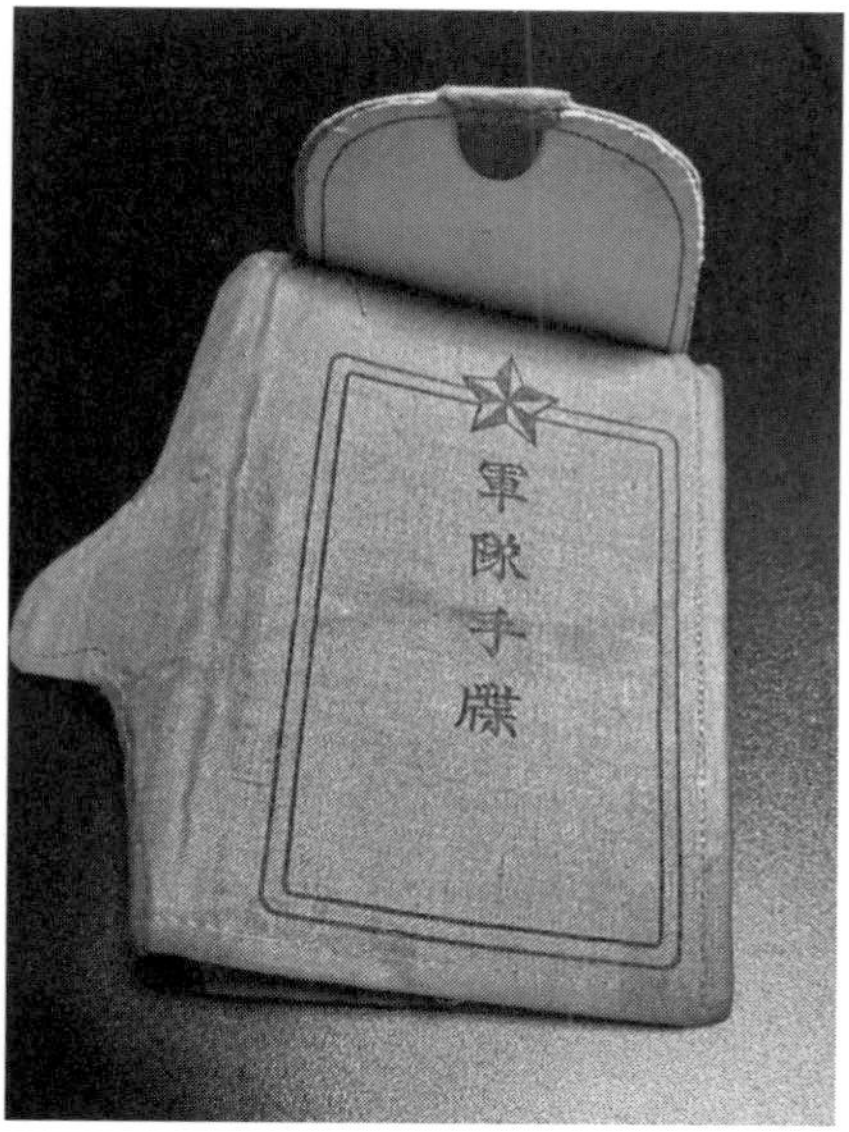

祖父の軍隊手帳

【履歴】大正三年十二月一日徴兵トシテ歩兵第六十三聯隊第三中隊入隊○仝四年三月十九日満州駐劄ノ為メ境港出發○仝月二十三日旅順上陸仝地駐屯○五月六日應急準備下令○十月十四日金州地方へ出張○仝月二十三

日廼營〇十一月二十日内地歸還ノ為メ旅順港出發〇仝月二十四日境港歸還〇十一月二十五日留中隊編入（ママ）。

そして大正十四年の招集解除まで毎年簡閲点呼の記録が残る。

私と父は偶然同じ誕生日であるのだが、祖父はまた偶然にもその誕生日と同じ日（一九一五年、私が生まれる四十五年前でかつ、父が生まれる十四年前の二人の誕生日！）に境港から旅順に旅立っていた。この履歴は本人の直筆ではなく役人が書いた概略で、詳しい様子までは解らなかった。旅順駐屯中に金州地方へ出張したと記録にあるが、その任務の事も、そこで何があったかは誰も聞いたことはなかった。

その翌（二〇二三）年のお彼岸、コロナ禍で行けなかった本家のお墓参りに久々に立ち寄った。ちょうどその日の朝、従姉がたまたま蔵の整理をしていて丁寧に包まれた封筒が出て来たそうだ。中を見ると祖父の日記のようであったので、私が突如訪問した奇縁に驚き、きっと祖父のお告げだろうから持って帰ってくれということになったのだ。

日記には軍隊手帳では概要しか解らなかった祖父の満州での行動が書かれていた。

大正四年三月十八日 旅順守備ニ付キ松江六三聯隊出発日

本日ハ午前四時ニ起床シテ五時五十分營庭ニ整列シテ松江驛マデ行軍シテ午前八時四十分ノ氣車ニテ乗リ鳥取縣ノ佐伯郡ノ境町マデ、ソコニテ一伯シタリ自分等ハ三人トマチタ、拾九起キ見バ大雨ガ降ル八時ノ整列ノハズ雨ノ爲メ取止メ九時ニ出タ午前十一時三十分雨降ルニ海勝丸ニ乗船シテ途中マデ引カレテ行キ今度ハ愈々アジア丸ニテ南満州ハ旅順口ヲ●シテ出帆セリ、二十日午后四時頃伊岐對島（壱岐対馬か？）ヲ通リ五時頃日露大海戰ノ古戰場路ヲ通

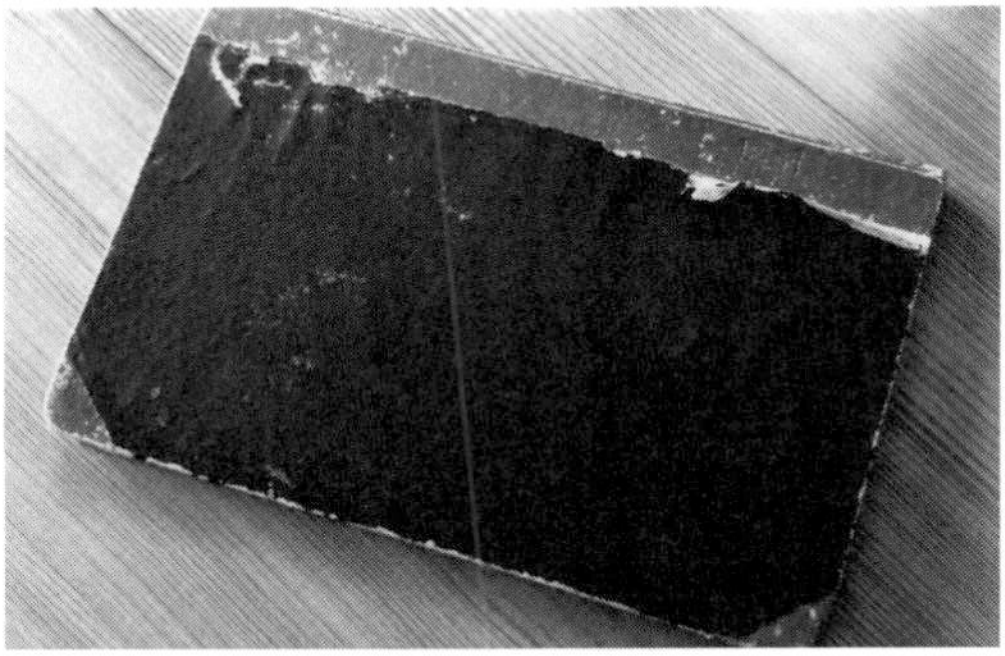

祖父の日記帳が出てきた

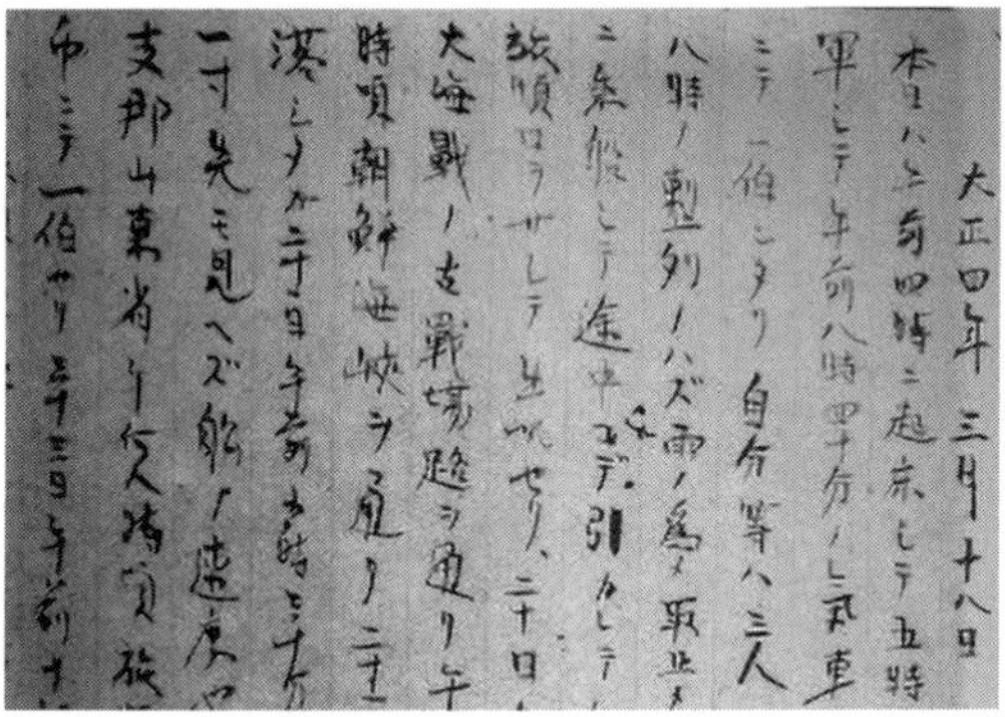

祖父の旅順上陸の様子の日記

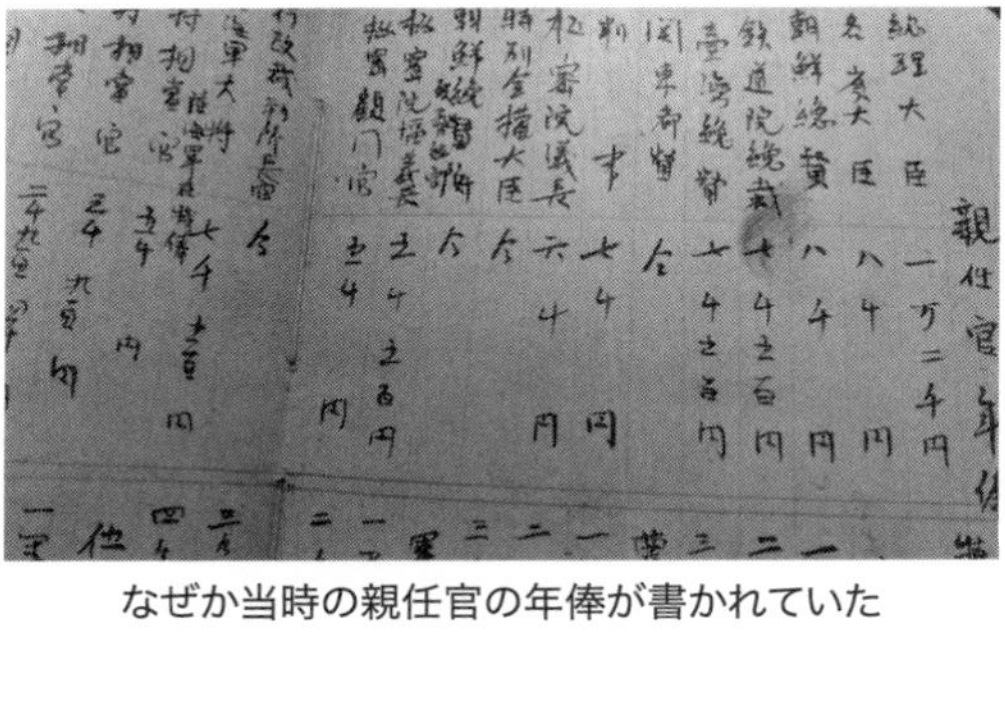

なぜか当時の親任官の年俸が書かれていた

リ午后六時二十分頃玄海灘マデ二十一日午前五、六、七時頃朝鮮海峡ヲ通リ二十一日午前十時三十分頃朝鮮ノ仁川次ニ書キ落シタガ二十一日午前●時三十分釜山其晩ニ非常大暴風又カスミニテ一寸先モ見ヘズ船ノ速度ヤヤオソクナル、ソレカラ二十二日午后一時頃支那山東省午后●時頃旅順沖即チ寮東半島ニテ船ヲ止メ船中ニテ一伯セリ二十三日午前十時旅順上陸、其次旅順ニ上陸シテカツ兵舎又兵舎ニ移リテ●又旅順ノ地形支那人建築物支那人言語風俗等各砲台基地地形ノ能度等ハ我心中ニ有リ（ママ、●印は解読不明）

これがなぜか日記の最終ページに旅順に赴く日が書かれており読み間違えてしまったが、これは「左開き」「左綴じ」でここから始まるのだと気が付いた。最初は読みやすい毛筆であったが満州滞在中は次第に乱筆となっていった。そして金州出張の項はさらに読みにくくなっていたが、想像を膨らませながら読み進んでいった。日露戦争の十年後の二〇三高地にも視察に行っていたことがわかった。

なんということだろう。私はこの百年後に大連の親友、徐健とともに、旅順や二〇三高地を訪れていた。この時はまだ、祖父が満州のどこに行ったのかは知るすべもなく、ただ何となく日露戦争の古戦場だからと歩いて回ったのだ。ただ何となく金州地方にも足を延ばしていたのだ。祖父の写真の中に二〇三高地の慰霊碑の前で写したものがあった。私はこの百年後に爾霊山（二〇三高地）の碑の前に立って写真を撮っていた。爾霊山は、乃木希典将軍が幾万の英霊の籠もれる山と吟じた漢詩から来ている。祖父の時代には既に建立されていたことを写真で知った。

祖父はここで大陸浪人となった親族と接点があったようだ。その親族（さんのうずのス）とは、日記によると祖父の歳の離れた兄と読める。そして祖父の日記の中に「満・蒙・藏」とともに「勾玉」という文字を発見したのだ。その大陸浪人の親族はそこで何をしていたのであろうか。日記

祖父の二〇三高地での写真（1915年？）

私が訪れた爾霊山（二〇三高地）の碑は祖父の時代と同じものだった（2018年撮影）

祖父の日露将軍会見の地での写真

祖父の日記帳と一緒にあった乃木希典将軍と露将ステッセルとの水師營での会見の写真

資料や昔の口伝、記憶などを繋ぎ合わせるにつれ、次第にその行動が繋がっていった。

祖父や「さんのうずのス」の足取りを調べ始める前に、私は祖父らが生きた明治から大正にかけて鎖国政策をとっていたチベットに潜入した日本人十人について既に多少の知識があった。河口慧海、能海寛、成田安輝、寺本婉雅、矢島保治郎、青木文教、多田等観、野元甚蔵、木村肥佐生、西川一三である。仏教者、諜報員、冒険旅行者、それぞれの立場でチベットに潜入し滞在している。当初私は、この中で出雲族、あるいは祖父達と接点があった可能性が一番高いのは、島根出身のチベット仏教求法僧、能海寛《のうみゆたか》ではないかと考えた。たまたま高校時代の恩師が地元で「能海寛研究会」を主宰しており私も入会して情報を集めていた。しかし時代がやや合わない。能海寛は明治元（一八六八）年の生まれで、神戸港を出港したのが、明治三十一（一八九八）年十一月、寺本婉雅とともに、巴塘《パタン》に到達したのが明治三十二（一八九九）年八月。そして、雲南省の大理府から「今からチベットに入るため音信不通となる」という内容の手紙を発信した後、消息を絶ったのが、明治三十四（一九〇一）年四月十八日である。明治二十六（一八九三）年生まれの祖父はまだ五〜八歳の頃となるので、やや時代が合わない。

山王寺の親族が語った、明治の頃の「東京の探検部」というのが気になった。時代からして矢島保治郎が「日本力行会」の中に創った冒険倶楽部のことではないかとふと思った。この時、鳥肌が立ったことを覚えている。ちなみに、鳥肌が立つことを出雲弁では独特の表現があり「ぞんぞがさばる」という。ぞんぞ＝寒気、さばる＝触る、であろう。まさにこの時、ぞんぞがさばった。よりによって矢島保治郎が関係するのか？　というのも私は矢島に得体の知れない親近感を抱いていたからである。矢島の記録をたどると、私がチベットで旅行したり調査したりする場所が多く登場し、「世界無銭旅行」という発想や、風変わりで強烈な個性に魅かれていた。とにかく矢島保治郎は面白い。奇想天外、奇怪千万で波乱万丈、もし同時代に生きていたなら強烈に意気投合したか、もしくは関りたくないと思ったかどちらかだろう。

矢島保治郎のチベット潜入というのはその動機において独特である。当時の鎖国チベットに潜入するということはどういうことなのか少し触れて見る。十九世紀後半からラサは世界の探検家の垂涎の的であったが、その目的は宣教師によるキリスト教の布教や、未知の地域の地理学的な調査や地図の作成などであり、それは中央アジアの覇権を巡るイギリス帝国とロシア帝国の戦略的抗争が大きく関係していた。当時インドを支配していたイギリスはロシアの南下を警戒しており、チベット人に似た容姿のヒマラヤ山地民をパンディットと呼ばれるスパイに育て上げ巡礼者に偽装させて潜入させた。一方ロシアはアジア系のブリヤート人が仏教徒としてチベットに学んでいることを利用しチベットの情報を得ようとした。欧米人の探検家も南極、北極につぐ第三の極地としての地図の空白を埋めるべく先を争った。ロシアのブルジェワルスキーからピョートル・コズロフ、イギリスのロック・ヒル、フランスのボンヴァロー、スウェーデンのヘディンなど

矢島保治郎は日本力行会の中に冒険倶楽部を設立旗を持つのが矢島、この中に島根の某はいるのか？（写真提供：チベット文化研究所）

が挑んだがラサの壁は厚く到達はできなかった。ロシアと中国の間でのチベットに関する秘密条約を疑ったイギリスは、ダライ・ラマ十三世との直接交渉をすべくイギリス軍を侵攻させ、ヤングハズバンド大佐は一九〇四年八月三日ついにラサに入城した。しかしダライ・ラマ十三世はラサを脱出した後であった。ヤングハズバンドはダライ・ラマ十三世抜きでラサ条約を締結した。

その後の日本人十人の目的は何かと言えば、河口慧海、能海寛、寺本婉雅、青木文教、多田等

観は主に仏教の求道と経典の収集であり、成田安輝、野元甚蔵、木村肥佐生、西川一三は諜報活動であった。つまり、西洋、日本を問わず目的をもって国や何かの母体から派遣された人たちであり、ただ矢島保治郎ひとりが個人の興味の衝動のみで突き進んで行くのである。

矢島保治郎は力行会で「世界探検旅行十カ年計画」を立案した。『入藏日誌 矢島保治郎』という書籍がある。金井晃編、「チベット文化研究所」が一九八三年に出版したものだ。それを読み返してみたところ、その中に記されていた新聞記事に目が止まった。記事には「始め日本力行会にてこの壮挙（世界無銭旅行、結果としてチベット行）に加わらんと申し込みたるは福島、島根両県人の某と矢島氏の三氏なりしも遂に氏一人のみとなりたる」とあった。なんと、その賛同者の中に、「島根県人の某」というのが記されているではないか（『入藏日誌 矢島保治郎』矢島保治郎の足跡の項）。

そしてここでもまた、奇妙な縁が繋がっていくのである。なんと矢島保治郎の子孫の方から思ってもいない問い合わせがあったのだ。

私が「チベットの登山における信仰上の課題」について考察し、まとめたことは、横断山脈研究会、及びヒンズークシュ・カラコルム会議、日本山岳会などの山岳団体で発表した。ヒンズークシュ・カラコルム会議が福岡で開催された際に発表した時、私はチベット仏教の専門家でもないし、学者ではないと断わりながら、登山者の立場で現地で見たままを感じたままを基本として話した。質疑応答では、チベット仏教やチベットの山に関する質問があったが、最後に、ある方からちょっと本題から離れる質問があった。

「チベット旗の成立には日本人が関わったという説があるが、現地でそんな話を聞いたことがありますか」というものだった。

それで、「現地でということであれば、チベットを知っている人なら周知のことですが、実は現地での話題というのは噂社会ですから、出所がはっきりしない話が多く、多分に逆輸入的な話題もあって、その確証を得るのは困難ですから、あまり意味はないのです」と話した。ただ、チベット人の日本人好きの理由に「日本人チベット起源説」や「チベット旗日本人考案説」の話題はよく出るとお話しした。そして、「個人的には矢島保治郎が関わったのではないかと思っている」と、余計なことを口走ってしまった。どうしてこの時、そんなことを話したのだろうと思うのだが、これがとんでもないことに発展したのだ。

このある方は、その話をなんと、矢島保治郎の(再婚相手との)娘さんである矢島仲子さんに「チベット旗にはお父様が関わられたという人がいる」とお話しされたらしい。

矢島保治郎のチベット潜入とチベット国旗

矢島保治郎

矢島保治郎については、チベットに潜入した日本人十人の中では最も文献が少ないだろう。他の潜入者のように自身によって書かれた報告書もない。『入蔵日誌 矢島保治郎』(チベット文化研究所、一九八三年)が数少ない資料の主なものである。これは、現地到着時に送る予定だった日記風の手紙原稿と欠落した日誌の一部、読売新聞に掲載されたインタビュー記事などをまとめたものだ。また、群馬県前橋出身の医師が取材してまとめた浅田晃彦著『世界無銭旅行者・矢島保治郎』(筑摩書房、一九八六年)という一代記が出版されている。

これらに書かれている内容から、フリー百科事典『ウィキペディア(Wikipedia)』がその要点をまとめているので、引用し紹介する。矢島保治郎がどんな人物か、何をした人なのかが大まかに見えてくる。

矢《や》島《じま》保《やす》治《じ》郎《ろう》〔一八八二年(明治十五年)八月二十三日 - 一九六三年(昭和三十八年)二月十三日〕は日本の探検家、軍人。四川省からのルートで初めてチベット入りした人物であり、ダライ・ラマ十三世の厚遇を受けてチベットの軍事顧問に就任した。

人物・生涯

群馬県佐位郡殖蓮村大字上植木(現・伊勢崎市本関町)の裕福な農家の三男に生まれる。群馬県尋常中学校（現・群馬県立前橋高等学校）を中退後、日露戦争に従軍。乃木希典率いる第三軍で旅順攻囲戦に参加し、突撃隊である白襷隊にも志願した。この戦功で軍曹に昇進し、また功七級の金鵄勲章を授与されている。

明治三十九（一九〇六）年、剣術に秀でていたことから陸軍戸山学校（戦術や体操、剣術などの指導者養成を目的とする）へ入学を命じられる。しかしこの頃になると矢島は、当時ベストセラーとなっていた河口慧海『西蔵旅行記』に大きく刺激され、アジア横断無銭旅行を志すようになっていた。

矢島保治郎（写真提供：チベット文化研究所）

そこで、チベット人に変装できるようになるため髪を伸ばし始め（チベット人は男でも長髪にする風習があった）、同時に、長髪は規律違反だとして切るように言う同僚や上官に対し「神武天皇だって長い髪をしているではないか。俺は神武天皇の従者になってロシア征伐に行くんだ」などと抗弁するなど狂人のふりをするようになる。これが功を奏し、明治四十（一九〇七）年十二月に除隊。翌明治四十一（一九〇八）年、上京し、キリスト教伝道師島貫兵太夫が設立した渡米支援団「日本力行会」に入会。会の中に「冒険倶楽部」という部を設けて、アジア横断無銭旅行の同志を募った。当時は寺本婉雅のチベット入国が話題になっていた時期であり、矢島の計画は好意を持って迎えられ、賛同者は三十名に達した。また、冒険小説家・押川春浪からは、当時貴重品であったコダックのカメラを贈られている（島貫が春浪の父・押川方義の教え子だったことが縁で、矢島は春浪の家に出入りしていた）。

当初は三十人いた賛同者も、計画が進むにつれ脱落していき、結局矢島は単身で横浜港から出発することになる。明治四十二（一九〇九）年二月三日のことであった。

最初のチベット入り

上海に到着した矢島は、東亜同文書院の根津一に面会した後、南京－漢口－北京－鄭州－西安－漢中と旅を続け、九月十日に成都へ到着する。矢島はここで、約一年の間、打箭炉（ダルツェンド、現・康定）や重慶との間を往復しながらチベットに入国するチャンスを探った。というのも、当時のチベットは鎖国政策を取っており、特に矢島の成都滞在当時は清との間が緊張状態にあったため、この国境を超えるのは非常に困難だったからである。矢島以前にも、能海寛や寺本婉雅がこの国境を抜けようとして失敗している。

明治四十三（一九一〇）年の秋になって矢島は、打箭炉で、かつて西安に滞在していた時に出会ったラマ僧イーヤンと偶然再会する。イーヤンは茶をチベットへ輸送するキャラバンの一員としてラサへ向かうところであった。矢島はこのキャラバンの隊長と交渉し、モンゴル人に変装して隊の一員に加わることに成功する。この経緯については詳細なことが分かっていないが、浅田晃彦は、矢島はピストルを持っていたことから、護衛役として同行を許されたのではないかと推測している。こうして、明治四十四（一九一一）年三月四日、矢島はラサに到着し、河口慧海、成田安輝、寺本婉雅に次ぐ、チベットに入国した四人目の日本人となった。なお、それまでにチベット入りした三人はいずれもインドからのルートで入国しており、四川省から入った人間としては矢島が日本初ということになる。

ラサには一カ月ほど滞在したが、日本人密入国者であることが発覚しそうになってきたため、チベットを南下してシッキム王国（現在のインド・シッキム州）を経由し、インドへと抜けた。そしてカルカッタから船員として貨物船に乗り込み、明治四十五（一九一二）年三月、日本に一旦帰国する。

帰国した矢島は力行会を訪ね、再度チベットに赴くための資金援助を希望する。とはいえ力行会は会の存続自体が危ういほど資金に窮しており、ここでその資金を引き受けたのは川島浪速であった。川島は満州・モンゴルの独立運動を行なっていた人物であるが、チベットも最終的には独立させたいと考えており、その計画の一環として矢島へチベットの情報収集を依頼する。こうして、川島から資金の提供と情報収集の命を受けた矢島は、日本滞在僅か二日で再び船に乗りインドへ向かった。

二度目のチベット入り

インドに到着した矢島は、インドとシッキムの国境近くの町カリンポンからシッキムを経由してと、前年チベットを出国したルートの逆を行くような形でチベットへ再入国した。なお、この時カリンポンでは、やはりチベット入りを目指していた青木文教と多田等観の二人に偶然出会っている。

七月二十三日、ラサに着いた矢島は政府高官たちに接触し、日本とチベットの提携を説いたが、当時のチベットは親英路線が強く、これは成果をあまり上げなかった。また、この頃チベットと清はラサで戦闘をしている最中であったが、矢島はこれを直接目撃した唯一の日本人である。

同年、ラサの地図を制作したことがきっかけでチベット軍の参謀総長と知り合いになり、軍事顧問として迎えられ、兵舎の設計や部隊の教練も依頼された。さらに、矢島の訓練した隊の演習成績が特に良かったことがダライ・ラマの目にとまり、近衛兵の編成と訓練を頼まれるようになる。

チベット軍陸軍大将の軍装をする矢島保治郎（写真提供：チベット文化研究所）

雪山獅子旗

翌大正二（一九一三）年の正月には、新年を祝うために日章旗を宿舎の屋根に掲げ、これを役人に咎められるという事件が起きたが、この事件はチベットにも国旗（雪山獅子旗）が制定されるきっかけとなった。この国旗をデザインしたのは矢島とも青木文教ともいわれている。

矢島と妻ツァムチュ（ノブラー）、意志信（写真提供：矢島家）

矢島は親衛隊長としてダライ・ラマが巡幸を行なうときは常に近衛兵を率いて護衛にあたり、また現地の豪商の一人娘と結婚して子供も産まれた。ダライ・ラマからは絶大な信頼を得ており、その例をあげると、矢島はノルブリンカ離宮内に住居を与えられていたのだが、結婚した際には、離宮は女人禁制の聖域であったにもかかわらず、特別に妻と共に生活することを許されるほどであった。

しかし、その後イギリスのインド政庁がダライ・ラマに矢島の追放を要請。ダライ・ラマは形の上ではこれを拒否したものの、チベットが親英路線にある現状として、これを完全に無視することはできない話であった。矢島としてもその辺りの事情はよく判っており、大正七（一九一八）年十月、妻子を連れてラサを発ち、インドを経由して日本へ帰国した。

晩年

帰国後は故郷の群馬県で生活したが、妻は慣れない環境から大正十二（一九二三）年に病死し、息子も後に太平洋戦争で戦死した。矢島自身にとっても日本での生活はあまり本意なものではなく、「痩せても枯れても俺はチベットの陸軍大将だぞ」が口癖であまり働きもしなかったことから、一種の奇人として地元では扱われていた。

昭和三十八（一九六三）年二月十三日、老衰と肝硬変のため死去。八十歳。

以上が、ウィキペディアに載っている記事である。この記事はやはり、『入藏日誌 矢島保治郎』（チベット文化研究所、一九八三年）と群馬県前橋出身の医師、浅田晃彦著『世界無銭旅行者・矢島保治郎』（筑摩書房、一九八六年）から要点がまとめられているようだ。

ヒンズークシュ・カラコルム会議での質問、「チベット旗の成立には日本人が関わったという説があるが、現地でそんな話を聞いたことがありますか」に対し、個人的には矢島保治郎が関わったのではないかと思っていると、余計なことを口走ってしまった。その根拠は青木文教著『秘密国チベット』（芙蓉書房出版、一九九五年）と『入藏日誌 矢島保治郎』（チベット文化研究所、一九八三年）に軍旗の話として書かれていたことから、実は「軍旗だから矢島」と拙速にそう判断していたのだが、研究者の間では圧倒的に「青木文教がデザインした」ということになっている。それは、以下の青木文教の著書による。

其の模様は下半部に富士山形の雪山を描き、唐獅子の図を配し、上半部すなわち雪山の上には地色を黄色くして日本の軍旗の半分を写し取ったような旭日を置き、其の片隅に月を小さく銀色に描いてある、これらの日、月、雪山及び唐獅子は西蔵の記号で、司令官と予が戯れに図案を作ってみた紙切れがはからず法王の目に止まり、当分これを軍旗に採用せられることになったのである。

（青木文教『秘密之国　西蔵遊記』内外出版、一九二〇年）

私が「個人的には矢島保治郎が関わったのではないか思っている」と口走ってからしばらく経って、そのある質問者から手紙が届いた。この方はその話をなんと、矢島保治郎の（再婚相手との）娘さんである矢島仲子さんに「チベット旗にはお父様が関わられたという人がいる」とお話しされたらしい。仲子さんとしては何か気にかかる理由があったのだろう。矢島保治郎の遺品の中から「チベット国旗」に関する資料などを私に託されたのである。

その内容を紹介する前に『入藏日誌　矢島保治郎』（チベット文化研究所、一九八三年）から、この「チベット国旗」に関係するヒントとなる部分を読んでみたい。

明治四十六年一月一日*、日章旗は天下秘密国の首府ラサの微風に翻った。市民達は何事かとこの旗を見に集まり、得意然とした宿主は食事も忘れて説明に大忙がしである。まさに門前市をなす観があった。

しかし、国旗というものを知らない市民は、商人（宿主の主人）が今回の戦闘で功ありそのためチベット政府から贈られた物のように思っている。

日没と同時に国旗を納めていると、二名の官吏が酒気を帯びてやってきた。「屋上の旗は誰の許可を得て上げたのか不都合千万である」と宿主にどなっている声が聞こえたので、駆けつけ、しばらくは二人を睨みつけてから彼ら以上の大声で「馬鹿もの、馬鹿もの」と日本語でどなりつけてやった。それから身分の高い官吏のもとに同行すると、その官吏は明日この旗について協議するので一晩借用したいと言ったが、私はこの旗は私と生死を共にしたほど大切なものであるから今は貸し与えるわけにはいかぬ。必要とあらば明日私の所まで来られよと言った。

翌日前夜の官吏が借りに来た。本日宮殿において貴国旗について高官等の協議を聞く故、数時間借用致したき旨を述べる。扱いに充分注意し日没前には必ず私の宿舎に持ち来ることを約して貸し与えた。約束の時刻に国旗を持ってきて、明日午前九時に返答するのでそれまで屋上に国旗を掲げないようにとのことであった。翌正月三日午前九時官吏がやってきて協議の結果を申し述べた。

「国旗は屋上に立てず屋内に立てられたし」ということであった。

一月二十一日午後三時半頃、私はラサ市内を散歩中、店内に蒙古服を着た青年ラマ僧を見た。下僕を従えて買い物をしていたが背後から見るとカレンポンで別れた青木文教氏に似ているので店内に入って見ると果たしてそうであった。言葉をかけようと思った処、わざと私を見ないように横を向いてしまった。私は心中不快に感じ、「この怪僧よ！」と思ったが知らぬ顔をして買い物が済むまで外でまっていた。店から出てきた青木氏に「青木君御無事で大成功、その後はご無沙汰」などカレンポン出発当時の礼を述べた。宿舎へ同行して種々の出来事、カルカッタ在留同胞の近況、青木氏の入蔵の状況等を聞いた。

ラサの風説で日本の天皇陛下（明治天皇）が昇天されたということは聞いていたが、ここで青木氏より確かなことであることがわかった。そして年号も大正と改まったことを知った。

＊明治天皇は明治四十五（一九一二）年七月三十日に崩御し、元号は大正に変わっていたが、チベット滞在中の矢島保治郎はこのことを知らず、明治四十六年と記している。実際は大正二（一九一三）年一月一日。

ここでは、一九一三年正月に、矢島が日章旗を掲げたことに関し、当時、チベットの一般庶民には国旗が珍しいものだったこと、一方、役人の間では、チベット内で他国の国旗が勝手に掲げられることを問題視されたエピソードが書かれている。チベット側の伝記では「これがきっかけとなってダライ・ラマ十三世はチベットの国旗を制定した」とされているようだが、その出典と詳細については不明である。その後、矢島はまたも偶然の事件により、なんとダライ・ラマの命により近衛部隊設立という重大任務に就くこととなり参謀総長の邸に寄宿することになる。これには青木文教が助言したとの説もあるが、しかし矢島をして「この怪僧よ！」と言わしめた態度を見ると、推薦したとは思えず、むしろ参謀総長の方が矢島に魅せられた感がある。そして青木はこのこともあまり喜んではいない風である。私がチベット国旗をデザインした大元は矢島で、青木は後でそれに加わったのではないかと思った理由は、そんな人間関係にある。

矢島がチベットの軍事顧問になったいきさつも、本人の文章から以下読んでみたい。

得意絶頂の六年間

ラサには私が一年前西康打箭炉の宿舎で知り合った西蔵の豪商が住んでいた。ラサに来たらぜひ私の家に来い、というのがその時の約束である。私は早速約束どおりその豪商の家へ転り込んだ。豪商は私を大歓迎し、当分この家の食客となっておれと云った。その豪商の家にはなんに使うつもりか不思議にも方眼紙があった。これを見たとたん私は一つラサの地図を作ってみてやろうと思った。

西蔵兵養成の大役

三脚などもちろんあろう訳はないから自分で木の枝を折ったりなどして作り上げたのである。ラサ市街を中心にして一里四方、これを詳細に作図した。大いに私も自慢に思って主人の豪商に見せびらかしていると、或日王宮からサロンノ・チャンタ参謀総長というのが馬でやってきた。私に地図を出せという。拒む理由もないから出してみせると『フーム』といって呻っていたが、それをもって王宮へ帰ったまま いつまでたっても返してくれない。他人の持ち物を取り上げてなんの挨拶もないとはいくら西蔵政府にしても怪しからん、というので交渉にゆくと、チャンタ参謀総長が出てきて。

『実はあの地図はイシーノルブ（ダライ・ラマのことを尊敬してこう呼ぶ）が珍しがって取り上げたまま返してくれないから献上したことにしてくれ。そして君は軍事にも明るいようだから この王宮に住んでひとつ兵舎を作って兵隊を養成してくれんか』と云った。願ってもないことである。早速私はチャポリ山の西約十町ほどのところにあってダライ・ラマ法王の夏の離宮であるノルブリンカに移り住み兵舎の新築と養兵にかかった。

近衛兵五百の訓練

養兵はとも角として兵舎の方はちょっと困った。私は建築家ではないから設計することを知らない。えいままよ、と昔いたことのある兵営を思い出して約二千人ほどの兵を収容できる兵舎の図を引いた。養兵の方は私は軍曹だし、歩兵操典も持っていたのでこれにより号令も日本語でやらせ、一切を日本式に大隊教練ぐらいまでやった。兵隊といっても徴兵検査するではなく、集まったものは老人でも少年でも、メッカチで御座れ、片足で御座れ玉石混交――いやほとんど取るに足らぬ石コロばかりであったが、それでもこれを近衛兵と称して約五百人を訓練した。当時、英国のケンブリッジ大学に留学して帰った西蔵人とロシアにいたことのある蒙古人とが教官と称して、これが見よう見まねの英露各様式の訓練でやっている。ところがロシア式の方はただオイッチニと歩調をとらせるだけしかできなく、英国式の方もまたせいぜいが中隊の訓練しかやっていない。私の方は射撃から大隊訓練となかなか威勢がいい。

ダライの信用を一身に

いよいよ観兵式となって、この三教官そろって各部下の兵にオイッチニとやらせたところ、私の日本式が圧倒的な出来栄え、ダライ・ラマは『これがいいこれがいい』と大喜びで手を打つというさわぎで大勝利をおさめた。これで私のダライ法王への信頼はいよいよ増し、こんどは騎兵を作れといって来る。これには困った。私は歩兵軍曹だから、歩兵の訓練だったらなんとかやるが騎兵のことはてんで知らない。と云ってこの期に及んで知り申さぬでは面目がたたん。えい、これも心臓——と、まねてより見よう見まねでピカピカした騎兵の旗を作り、これを持たせた騎馬の兵をダライ法王の行列の前と後につけ、『エイー、これが騎兵、すなわち前衛、後衛と申します』とやってのけた。法王はいよいよよろこんで、朝な夕な『矢島矢島』と私を離さない。

(『入蔵日誌　矢島保治郎』チベット文化研究所、一九八三年)

この矢島の日誌によると、チベット軍旗をデザインしたとは書かれてはいないが、騎兵の旗を作って、ダライ・ラマ法王が気に入ったこと、その前に参謀総長が日章旗やラサの作図を見て矢島を雇用したことなどから考えて、軍旗も矢島が関与したと考えるのが自然で、僧侶の青木文教が関与する方が無理があるのではと私は考えていたのだ。

矢島保治郎の(再婚相手との)娘さんである矢島仲子さんに「チベット旗にはお父様が関わられたという人がいる」と話が伝わり、仲子さんとしては何か気にかかる理由があったのだろう。矢島保治郎の遺品の中から「チベット国旗」に関する資料などを、群馬の登山界のある重鎮を介して私に託されたのである。これら資料について仲子さんは何故か誰にも見せてはならないと思っていたそうだ。矢島がそのように伝えていたのかは不明であるが、矢島の研究者には貸し出すと紛失したり帰ってこなかったり酷く傷んだ資料もあるそうで、なぜかこれだけは隠していたもののひとつのようだ。

それは、B5サイズの便箋に、英文タイプで打たれた英文の後にチベット語の草書体が書かれており、解読すると英文もチベット草書も同様の『チベット旗が象徴的に意味するもの』について記述されている。ここでこの文字は誰が書いたのかという問題があるのだが、私はこれは矢島保治郎の直筆だと考えている。その理由は、『入蔵日誌』の中に「河口慧海師に送ったチベット文葉書の下書き」というチベット語草書体のグラビア写真が掲載されているが、その筆跡の特徴が一致するからである。

その英文とチベット草書を翻訳すると以下のようになる。

チベット旗が象徴的に意味するもの

雪の山はヒマラヤの高峰に囲まれたチベットの地理的な特徴を象徴する。一対のライオンは、世俗的と精神的の力の二つの体制を表す。ライオンの足元の祝福の宝石は、因果の法の支配者による法の規程を表す。そこには無限の恩恵と平和の源である十善業法と十六浄人法が根底にある。祝福の宝石の上方にある火焔宝珠は、二十四の卓越した特質を授けられた三宝（Triratna）への帰依を表す。赤と青の二つ旗はMAR NAGH NYIEとして知られている二つの護法尊の無限の守護を表す。十二の赤と青の縞模様は、チベットの六つの祖先と十二の子孫を表す。ご来光は自由、幸福、および民族の繁栄を表す。三つの角の金色の縁は仏教の理想の繁栄を表す。旗竿のてっぺんの五色の旗は、すべての天空でのチベット中央政府ガンデンポタン（Gaden Phodrang）の勝利を表す。旗の上の両刃の剣は、金剛（Vajra）と蓮華（Lotus）、絶え間なく出現する三菩薩（Three Boddhisattavas）の化身である観音菩薩(Avalokitesvara)と文殊菩薩（Manjushri）と金剛手菩薩（Vajrapani）を表す。まっすぐにのびる旗竿は、恐怖も偏重もない正義の法を表す。白いリボンの結びは法（Dharma）の高貴な伝統を表す。

チベットの旗「雪山獅子旗」

英文は以下。

THE SYMBOLICAL MEANING OF TIBETAN FLAG.

The Snow Mountain symbolizes the geographical feature of Tibet surrounded by the Lofty Himalayas. * The pair of Lions, the twin system of the Temporal and spiritual power. * The Wishing Gem, in the paws of the Lions, the rule of law based on the Law-principal of cause and effect under-lying the Ten Golden Precept and the Sixteen Human-principals, which are the source of infinite benefit and peace. * The Flaming Jewel, over the wishing gem, devotion to the Three Gems (Triratna) who are endowed with twenty-four trancendental attributes. * Two Flags in red and blue, unfailing support of the two guardian deities known as MAR NAGH NYIE. * Twelve stripes in red and blue, the twelve descendents of the six originals of Tibet. * The Rising Sun, freedom, happiness and prosperity of the Nation. * The Golden colored borders, on three corners, the flourish of the ideals of Buddhism. * The Five colored Banner, on top of the mast, the Victory of Gaden Phodrang, the Central Government of Tibet, over all spheres. * The double edged sword, the Vajra and the Lotus, on top of the banner, the incessant appearance of the incarnation of the Three Bodhisattavas : Avalokitesvara, Manjushri and Vajrapani. * The un-bended and un-ending Mast, the Justice of Law without fear or favour. * The Knot of the white ribbon, the noble tradition of the Dharma.

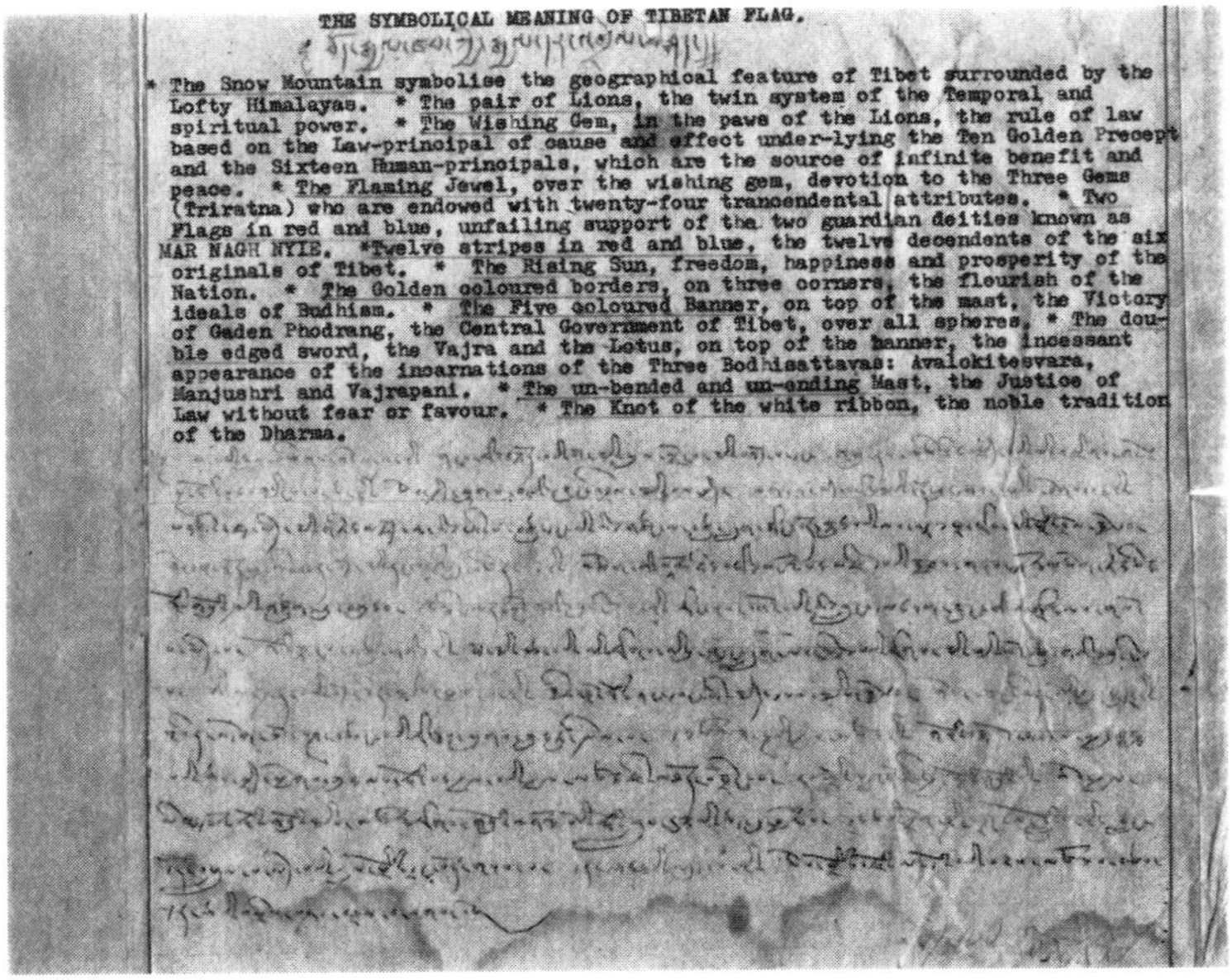
THE SYMBOLICAL MEANING OF TIBETAN FLAG.

* The Snow Mountain symbolise the geographical feature of Tibet surrounded by the Lofty Himalayas. * The pair of Lions, the twin system of the Temporal and spiritual power. * The Wishing Gem, in the paws of the Lions, the rule of law based on the Law-principal of cause and effect under-lying the Ten Golden Precept and the Sixteen Human-principals, which are the source of infinite benefit and peace. * The Flaming Jewel, over the wishing gem, devotion to the Three Gems (Triratna) who are endowed with twenty-four trancendental attributes. * Two Flags in red and blue, unfailing support of the two guardian deities known as MAR NAGH NYIE. *Twelve stripes in red and blue, the twelve decendents of the six originals of Tibet. * The Rising Sun, freedom, happiness and prosperity of the Nation. * The Golden coloured borders, on three corners, the fleurish of the ideals of Budhism. * The Five coloured Banner, on top of the mast, the Victory of Gaden Phodrang, the Central Government of Tibet, over all spheres. * The double edged sword, the Vajra and the Lotus, on top of the banner, the incessant appearance of the incarnations of the Three Bodhisattavas: Avalokitesvara, Manjushri and Vajrapani. * The un-bended and un-ending Mast, the Justice of Law without fear or favour. * The Knot of the white ribbon, the noble tradition of the Dharma.

矢島保治郎の遺品

この「チベット旗が意味するもの」を見ると、詳細のデザインについては詳しくなければ書けない内容なので、詳細はチベット仏教の本質について詳しくなければ書けない内容なので、詳細はチベット人によって練られたものだろうと思う。このチベット語の草書体の最後には、「シェラップ・ギャルツェン・ギャッツォ」と読める人名が書かれている。これは矢島のチベット変名か、あるいはデザインを監督した人物の名であろうか。矢島が関与したのであれば、旭日旗を連想させる部分であることは明らかである。

このチベット国旗の意味についてはダライ・ラマ法王日本代表部事務所のサイトにも記されているが、出典は『Bod kyi rgyal dar, Library of Tibetan

Works and Archives』であろうと思われる。

ところが矢島保治郎の遺品のものには、これらには書かれてない部分があるのだ。それは最後の、「旗竿のてっぺんの五色の旗は、すべての天空でのチベット中央政府ガンデンポタン（Gaden Phodrang）の勝利を表す。旗の上の両刃の剣は、金剛（Vajra）と蓮華（Lotus）、絶え間なく出現する三菩薩（Three Boddhisattvas）の化身である観音菩薩（Avalokitesvara）と文殊菩薩（Manjushri）と金剛手菩薩（Vajrapani）を表す。まっすぐにのびる旗竿は、恐怖も偏重もない正義の法を表す。白いリボンの結びは法（Dharma）の高貴な伝統を表す」の部分でつまり、旗以外にも旗竿や五色の旗の上の剣、リボンにまで触れて規定している。それを考えるとこちらが当時のオリジナルの解説であって、それを矢島が写し持ち帰ったものだと私には思えるのだ。

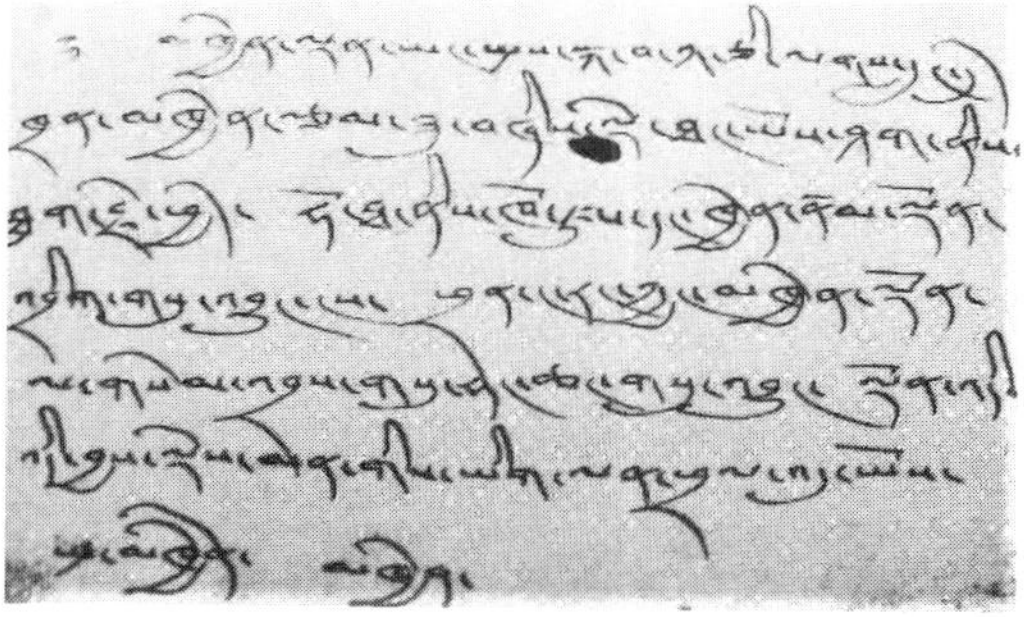
矢島保治郎が河口慧海にあてたチベット草書の下書き（『入藏日誌』より）

矢島は生来無欲であり、ラサでも蓄財しなかったばかりか、帰国後は情勢の変化もあり、目立たない質素な生活をしていたという。講演会を当日になってドタキャンし馬で逃走したり、チベット滞在記の出版も資金不足で断念したりしていた。

チベット旗の制定に自分が関わったかという話題についても本人はあまり興味がなかった、というのが真相ではないかと今は思える。矢島はチベット滞在中稀有な活躍や体験をしたであろうに、報告会や出版にあまり熱心でなかった。その理由は、自分に与えられた任務に対し、自分としてあまり成果が伴わなかったと評価していたのではないだろうか。ではその任務と成果とはいったい何であったたか。ここで出雲との縁が繋がってくるのだ。

矢島保治郎と勾玉

天空の聖地ポタラ宮殿

明治四十五（一九一二）年三月、矢島は日本に一旦帰国した。わずか二日の滞在であった。

川島浪速（左）と粛親王

帰国した矢島は再度チベットに赴くための資金援助を嘆願するために、直ちに力行会を訪ねた。そこには、代表の島貫兵太夫の他に、川島浪速、佐々木安五郎（「蒙古王」）、田中舎身（東亜仏教会長）、田中義一（参謀本部）らの顔があった。

矢島が一回目のチベットにいたころ、中国本土の清国は革命の嵐の中にあった。一九一一年十月に孫文の影響を受けた革命軍が武昌と漢陽を武力制圧した。清国湖北新軍の将校で逃げ遅れた黎元洪が妙なことから革命軍司令官に鞍替えし中華民国軍政府の成立を宣言した。清国は革命軍の制圧に失敗し、十五省が次々と独立を宣言した。辛亥革命である。清朝宮廷内部では主戦派と講和派に分かれて議論が繰り広げられたが、隆裕皇太后が講和派の主張に傾き皇帝退位を決断。一九一二年二月十二日、ラストエンペラー、最後の皇帝・溥儀が退位し、清国は滅亡した。この結果、アジアにおいて史上初の独立した共和制国家である中華民国が誕生した。しかし、退位に反対する粛親王善耆、恭親王溥偉ら皇族は北京を脱出して復辟運動を謀ろうとしていた。

その時、川島浪速と田中義一らが通謀し、粛親王（愛新覚羅善耆）を北京から日本の租借地である旅順に脱出させたのである。これは日本の参謀本部と、いわゆる大陸浪人の後押しで進められたが、日本政府としては慎重であった。

矢島が一次帰国した時に集まった面々は、今まさに、粛親王を擁して満蒙独立運動を画策しようとしていたのである。しかし、はたして、十年がかりで世界一周無銭旅行をやろうという、後に元祖バックパッカーとも揶揄される「世界無銭旅行家」に何を期待していたのであろうか。ここで何が話され、川島浪速が資金を提供することになったのかは記録が残っていないので不明であるが、矢島の二回目の入藏を追うと見えてくるものがある。辛亥革命後の満蒙独立に加え、五族共和を目指すための、チベット独立の策謀とその情勢把握であったのである。しかしこれは日本政府としての公の命令ではなかったことが、後に明らかになる。

実はこの時、川島の傍らにはもう一人の男が付き添っていたのではないか。島根県山王寺出身の「山王寺のス」こと信家（仮名）である。伝聞によると信家は佐々木安五郎の内モンゴル探検に影響を受け、上海に渡り東亜同文書院に留学後、大陸浪人を志し川島浪速の門弟となった。新聞記事によると、当初は「日本力行会」矢島保治郎のアジア横断無銭旅行に同行するつもりでいたようだが、矢島の狷介な性格やあまりに漠然とした計画に不安を覚え参加を取りやめ、川島の下で満蒙独立運動に具体的に関与する道を選んだようだ。その「山王寺のス」こと信家が、矢島にそっと勾玉箱を手渡した。

「矢島さん、お久すぶりです。根津院長と一緒にあんたの計画を聞いて以来ですわ。これは勾玉です。出雲国造新任の際、皇室への献上の儀式に使われえものと同ず出雲勾玉です。五族共和、チベット独立の支援の証とすて、法王へ献上すてごしなはい。お上からの親書は間に合わんかったもんだけん、日本の古代王、オオクニヌシの末裔である出雲神族からですわ。我々とチベット人とは古代に祖を同じくしていると伝わります。チベット独立において日本国が支えるという証です」

矢島がどこまで本気にしたかはわからない。翌日再び同じSSカモフ号船の「火夫」として乗り、真っ黒になってインド、カルカッタへ向かった。親書もない火夫の矢島は、辛いというより切ない。しかし二日間の滞在でもどうしても日本に戻る必要があったのだ。資金を受け取ることだけであれば、上海でもカルカッタでもできたはずだ。どうしても川島から直接受け取らなければならない献上品（勾玉）があったからである。これは親書もない状態で矢島に手ぶらで任務を依頼するわけにもいかず、苦肉の策として信家の発案を川島が即断したのだと推測される。

矢島は、明治四十五（一九一二）年六月十九日カルカッタを列車で出発し、インドとシッキムの国境近くの町カリンポンからシッキムを経由し、前年チベットを出国したルートを逆行しチベットへの再入国をこころみた。この間、ラサに到着する直前の七月二十日までの行動の詳細は『入藏日誌』に「入藏到着報告ならびに礼状、於西藏拉薩府、矢島赤城」として記録されている。この報告は川島浪速らから紹介されたカルカッタの山上曹源あてに送った手紙の下書きだとされている。山上曹源は佐賀嬉野出身の曹洞宗の大僧侶で、当時カルカッタ大学でインド哲学を研究していた。山上は矢島の潜入に際しチベット貿易商を紹介している。

矢島は途中、警備の抜け道を案内するという怪しげなトウガラシ売りと旅を共にすることになるが、騙され身包みを剥がされてしまう。この時勾玉は無事だったであろうか。当時、矢島が記録に残している携行品リストの中に「チベットガウー」という記述がある。仏像や宝石などを納め身にかけるものと本人が注釈している。このチベットガウー中に勾玉を入れていたと思われる。このトウガラシ売りの話は異常なのだが面白いので矢島の日記などを基にドキュメンタリー風に紹介する。

山上曹源

カルカッタで矢島は山上曹源に紹介されたインド交易のツォンペン・ニンチャンのグループ

に入れてもらい、チベット人に変装しダージリン経由でカリンポンまで進んだ。ツォンペンとは貿易商の隊長の意味で大商人ニンチャンということになる。この時カリンポン郊外ではインド亡命中のダライ・ラマ十三世もチベットに帰るチャンスを窺っていた。清朝の四川軍がチベットに攻め込んで以来国境付近は殺気立っていた。そんな中、大商人ニンチャンはどういうわけか矢島を置いたまま先に出発してしまった。このことは矢島にとって苦難の旅の始まりとなる。この時ダライ・ラマ一行の中には西本願寺から派遣された「正式な客」青木文教がいた。矢島は青木を訪ねており、そのことは青木文教の『秘密国チベット』（芙蓉書房出版、一九九五年）の中に「勇ましき入蔵者」として登場する。

勇ましき入蔵者

予は別路を取ってチベットに入るべく、その準備のためにカリンポンに踏み止まった。これより先インドベナレスに遊学中の河口慧海師もこの地に来たり、シッキム王国の旅行の準備であった。またダライ法王出発後数日を経て、矢島保治郎氏というのがこの地にあらわれた。氏は力行会員で世界無銭旅行家として名あり、先年支那四川省からチベットを横断してインドに出で、世界一周の後ふたたびチベットに入国する目的をもって当地にきたので、氏は巧みにチベットの土人に扮装して白昼予のもとに来たり一泊の上翌夕刻濃霧に紛れて出発し、チベットに向かって本道を突進した。

矢島はカリンポンから濃霧の中颯爽と出発し、ヤートンまで前年の土地勘で進んだ。チベット旅行の経験者ならわかるだろうが、遊牧民の飼犬やその野犬は狂暴だ。矢島はあちこちで犬に吠えられ追われながら、青木文教からもらった洋傘が身を守るのに役立ったという。行き交う人に対しては、数珠を数え真言を唱えチベット人になりすまして通り過ぎた。しかしイギリス領最終行政区ヤートンでは警官が矢島の指名手配の写真を持ってうろうろしている。

ここで、たまたま同宿した四川語を話すカムパ（チベット・カム地方の男）の自称「トウガラシ売り」と一緒になり、二人で隠れるように出発した。四つの関門をチベット人に扮してうまく越えたが、まだ難問のジョモとパリがある。するとトウガラシ売りが「わしは昨年からこの地ピビタンに移り住んでいるが、このあたりの道は大道も間道も良く知っている。ここからチベット第二の町シガツェへ通じる小道があり、五日で着くことができる。わしはそれを通ってラサまで行くが、あんたも一緒に行くか」と誘った。矢島は渡りに舟と喜んで同行を頼んだ。ところがこれがとんでもない罠だった。

事件は明治四十五（一九一二）年七月七日、標高五〇〇〇メートルの花咲く絶景の山上に登ったところで起こった。トウガラシ売りが突然「わしはシガツェに行かん」と言い出した。矢島は憤慨し、ならば一人で行くと食糧、荷物を分けていると、彼は仁王の形相で大きな石を頭上に振り上げ「着物を脱いで金と品物全部出せ」と蛮声を張り上げた。矢島は冷静に「どうしたんだ。気でも狂ったか」と言いながら柔術での格闘も考え構えた。しかし、チベットでの重要な任務を考えるとここで失敗するわけにはいかないと思い直し、服を脱ぎ、持ち物を前に出した。トウガラシ売りは無言で矢島の服を自分の服の上に重ね着し、持ち物を懐に入れ「わしはビビタンに帰る、命だけは助けてやるから行け」と言った。矢島は「裸では行けない。せめて衣服だけ、いや、それと二〇ルピーほどは返してくれんか」と懇願すると、衣服と半額の一〇ルピーだけ返してよこした。寒いので衣服を着ると、またすぐ脱げと命令する。実に気変わりする強盗で、着るとまた脱げ、返す、脱げ、返す、と、こんなことを五回も繰り返したあげく、石を枕に寝てしまった。

トウガラシ売りが熟睡したのを見て矢島は、その頭を大石で粉砕してやろうか、カミソリで寝首を掻いてやろうかと傍らで幾度も考えたが、結局できなかった。矢島は日露戦争に従軍し乃木希典率いる第三軍で旅順攻囲戦に参加したが、実は人を殺したことは一度もなかったのだ。トウガラシ売りの傍らには一輪の「青いケシ」が咲いていた。こんな高地に「けなげだ」と思って見ていた。そうこうしている間に午後になり彼は目を覚ましてしまった。このトウガラシ売りと矢島の攻防はこのふたりでなければ成り立たない奇妙なものであった。

矢島も妙である。「夜になるから自分も一緒にビビタンに連れて帰ってくれ、このことは誰にも言わぬから」と嘆願した。トウガラシ売りは「絶対に言うな」と何度も念を押しながら帰路についた。しかし雨にもかかわらず彼はなぜかゆっくり進み、急ぐ矢島を速すぎると制した。ビビタ

青いケシ咲く高原（筆者撮影）

ンの街が見下ろせる丘に着くと雨を避ける大岩で休息し、トウガラシ売りは何やら考え込んでいた。突然、また服も靴も靴下も脱げと命じた。矢島はいよいよ戦おうと覚悟したが、相手の考えが解らずまた思いとどまった。彼はまた矢島の服を着ると、こんどは手足を縛ろうとしたので抵抗すると、奪った矢島のナイフで切りかかろうとする。矢島はひたすら平和裏に、一緒に帰っても他言しないからと繰り返し誓った。寒さでかじかんで震える矢島の手を見てトウガラシ売りは、服を着せて帯まで結んでやろうとするので、そこは矢島も気味が悪く思い断って自分で着た。とにかく双方妙である。

それから二人で急いで山を下ったが、森に入ると完全に日が暮れてしまった。するとトウガラシ売りが「糞をするのでしばらく待て」という。矢島はその隙に荷物を取り返し暗黒の中で足音を忍ばせ後退した。三〇メートルほど離れると叫び声が聞こえたが闇である。トウガラシ売りが探しながら草を分けて離れて行くのが解ったので、矢島は沢沿いに転がりながら下ると民家があり、女に道を聞いてビビタンに辿り着いた。

夜中になり宿泊を求めあちこち戸を叩くがどこも応じない。矢島はしかたなくまたわざわざトウガラシ売りの家に行った。彼はすでに帰っており暖炉で衣服を乾かしていた。彼の老母に「シガツェに行く道が判らなくなって戻ったので一日泊めて衣服を乾かせてくれ」と頼んだ。老母は「明日は警察の検査があるから、乾かしたら早めに出なさい」と言う。

チベット・ガウー（この中に勾玉を入れていたのか？）

その間トウガラシ売りはしきりにこちらを見ながら包丁を研いでいる。いよいよ殺されるのかと気が気ではないが、半乾きの服を着て、約一坪の部屋に一緒に寝ることになった。寝た隙に殺されると思い睡魔と戦ったがいつの間にか寝ており、鶏の声で目覚めるとまだ生きていた。老母は既に起きて火を焚いていたので、乾ききっていない衣服と靴を乾かしていると、ダライ・ラマがインド騎兵に護衛され進んで行くのが見えた。矢島も追うように、老母に別れを告げ寝ているトウガラシ売りの家を出た。持ち金と珊瑚珠、絹の布などは取られたままだったが、命とガウーとその中身（隠し金と出雲の勾玉）は無事だったので強運である。

この間の抜けた二人の行動は奇妙ではあるが、案外、異文化の生身の人間の格闘というのはそういうところもある。私もチベットのカム地方で一夜の宿が盗賊の家で、首を絞められ襲われた時、金は出す、このことは誰にも言わないからと約束し、そのまま滞在したことがある。殺されかけた人間に乾燥チーズとツァンパを貰って旅立った。

矢島はそれから、幾度も検問を無造作に突破したり、池に落ちたりもしながら、ダライ・ラマ一行に付かず離れず進んだ。しかしついにサマダで役人に捕まりゲンポ（村長）の家に留置された。「わしは大商人ニンチャンの下僕だ」とか「わしはチベットを救う使命でラサに行く菩薩だ」とかわめいたが、旅行券も財布も没収されてしまった。ただ、監視は緩く、その時、騎馬がぞくぞく通り過ぎるのを眺めていた。すると銃の先に三角の赤、黄、白の旗を付け特別美しい騎馬の一隊の中間に黄色い駕籠が見えた。これがダライ・ラマ十三世法王であった。

村長の監視はなかったので、そのままダライ・ラマ後続部隊に付いていくことにした。すると今度は一行の監視兵に捕まり、ダライ・ラマ宿営地のカンマに連行された。そこには大商人ツォンペン・ニンチャンがおり、「あなたは私の下僕だそうですね」と笑っていた。なんとニンチャ

騎馬の行進（筆者撮影）

ダライ・ラマ13世

ンは旅行券と取られたものを全部持っており返してよこした。また、そこで日本語を話せるラマ僧（日本に留学したツァワ・ティトゥルのこと）がおり、矢島は嬉しくなり「私は日本国の秘密の使命を帯びて来た」と説明すると、「そのことは詳しく法王に申し上げましょう」ということになった。

矢島は私も何度も通ったことがあり良く知る道をたどっていた。チベット第二の都・シガツェから首都ラサへ至る街道へは、途中のヤロン（ギャンツェのすぐ東）で合流し、カロ・ラ（峠、五〇四五メートル）ではダライ・ラマ法王が徒歩で峠を越えられる姿を、矢島はひれ伏して見送っている。ヤングハズバンド率いる英国軍との激戦地で戦死者への追悼のための徒歩であろうと記録している。ナンカルツェへ下りヤムドク湖畔に出て、絶景のカムパ・ラ（峠、四七五〇メートル）を越えてヤルン・ツァンポをヤク

の皮舟で渡った。

七月二十一日にキチュ（ラサ川）沿いのチュシュルで泊まる予定、というところで報告書は中断している。

この報告書は、山上曹源にあてた手紙の下書きとして残っていたものである。山上が紹介したインド交易商ツォンペン・ニンチャンとはダライ・ラマ十三世の御用商人であった。実はニンチャンと山上は矢島に会う直前に、ダライ・ラマ十三世の日本政府に向けた要請として明治四十五（一九一二）年五月十四日付で当時の外務大臣、内田康哉に暗号電文を送っていたことを石濱裕美子先生の指摘で知った。その内容については石濱裕美子著『物語 チベットの歴史』（中公新書、二〇二三年）に紹介されているが驚くべき内容であった。ダライ・

ナンカルツェへ下りヤムドク湖畔に出る（筆者撮影）

シガツェのタシルンポ寺（筆者撮影）

ラマ十三世は日本政府に向けて以下のような要請を伝えた。

清国兵をチベットから駆逐し、モンゴルと同じく独立を布告することを決定した。

一、清国が援軍を派遣すればチベットは独力では抵抗できない。したがって、チベットを日本の保護下に置いてくれないか。

二、武器・弾薬を外国から輸入したいが、イギリスは英露協商により中立を主張し、軍事品のインド国境通過を許さない。唯一の方法は日本から購入してモンゴル経由でチベットに運搬することしかないが、満州のある地点からモンゴルに入れることを日本が黙認してくれないか。

英露協商に縛られない日本に軍事支援を求めていたことがうかがえるが、ダライ・ラマ十三世はロシア皇帝ニコライ二世にも同様の内容の親書を送っている。この要請は矢島が日本に一時帰国し出発した後に送られているので、川島浪速や参謀本部と接触した時点ではまだ知らないタイミングであるが、山上曹源がカルカッタで交易商ツォンペン・ニンチャンを矢島に紹介した時にはこの事情は知っていたことになる。そして矢島の使命とダライ・ラマ十三世の要望は一致していることになるのだが、どうしてこのようなすれ違いの苦労が生じるのかは不可思議である。

ラサ、ポタラ宮殿

明治四十五（一九一二）年七月二十三日、矢島は二度目のラサに乞食のような体で到着した。途中何度も携行品は没収されたり盗難にあったりしたが、体に付けていた「チベットガウーの中の貴重品」は無事であったと記述している。この中に出雲の勾玉も入れていたのである。また、捕まった時にいつも「チベットのための重大な任務のために行くのだ」「お前たちの国を助けに行くのだ」と叫んでいたことも記載している。一番重要なこの任務の顚末について、詳しく考察された記録は今の所見たことがない。この任務の大方の評価は以下のようなものである。

「矢島は政府高官たちに接触を試み、何の戦略もないまま、やみくもに日本とチベットの提携を説いた。しかし、当時のチベットは親英路線が強く、これは成果をあまり上げられなかった」というものだ。しかし、この評価はおかしい。当時のダライ・ラマの日本への要請を考えると、双方の目論見は一致しているからである。では何が障壁であったかといえば、英藏のラサ条約と英露協商、そして日本政府の定まらぬ方針だったかもしれない。

大正元（一九一二）年の暮れ、チュンコルヤンツェの行在所にいたダライ・ラマ法王政庁に対し、大総統袁世凱から電報が届いた。それは清朝の滅亡と中華民国新政府の成立を告げ、清軍がラサで騒乱を起こしたことを遺憾とし、新政府はチベットの秩序を回復して善政をしくことを誓約したものであった。しかしそれは、革命後もチベットの支配権は存続することを承認させようとしたものである。これに対し法王政庁はチベット領内の清国兵の全面撤退を要求するとともに、今後の内政干渉を拒絶し、隣国として親善関係を結ぶことを希望する旨返電した。そして、大正二（一九一三）年一月、ダライ・ラマ十三世はチベット独立宣言（中華民国との断交宣言）を関係各国に通牒した。

こうなると矢島保治郎の秘密任務は半分終了したようなものである。あとは日本との提携を売り込むことだが、遠く離れた両国間に具体的に何を提携すべきか、矢島は肝心なこの点について思案に及ばず、川島浪速からの指令を待つしかなかった。

ダライ・ラマ十三世は東洋諸国のなかで日本に最も親近感を感じ手本とすべき国と考えていた

ことは確かである。仏教の交流は行われており、青木文教は交換学生として来たのだが、法王は日本の近代化の方策を参考にしたいと考えていた。しかしあまり深く日本と親近することはイギリスが警戒する。英藏戦争の結果のラサ条約で、「いかなる外国もチベットの政務に関することを許さず、官吏非官吏を問わずチベットへ派遣奉職することを得ず」と定められていたのである。だから青木も法王から正式な入国許可を得ているものの、英官憲の目を避けて密入国せねばならなかった。

イギリスはチベットをあえて鎖国状態に置き、貿易を独占していたのである。法王が一時英領ダージリンに亡命したこともイギリスの発言権を強くした。チベットへの帰府もその後援を得て実現した。したがって中国の支配下を脱しても、それに代わってイギリスがじわじわと支配の手を固めていった。

矢島はチベットの地下資源の開発に日本の資本と技術を導入することを妄想したが、これも条約によって「いかなる国もチベットに道路を開き、鉄道を通じ、電信を敷設し、鉱山を開発することを許さず」と禁止されていた。これをやるにはイギリスの同意を得なければならないが、日本政府は日英同盟の手前、イギリスの喜ばないことを要求できない。またチベット人は土地の神（ユラ）の信仰により土地を掘ることに抵抗を覚える。矢島が説いて回ったところで相手にされなかった。

日英同盟はその他のことにも障害となった。法王は近代化促進のため外国への留学生派遣を急務として、イギリスに五名、ロシアに二名、日本に二名を選定した。ところが日本政府からは受け入れの回答がないため日本への派遣はお流れとなった。また法王は一般国民教育の制度を整えようとして、その手本を日本に求め、教科書などの資料を取り寄せることを青木に依頼したが日本政府は応じず、やむなくカルカッタ在住の日本人から一部入手した。このように日本政府はイギリスの顔色をうかがい、チベットが差しのべた手を握ることができなかったのである。

矢島保治郎がダライ・ラマ十三世に勾玉を献上したという記録はない。あれほど自身が「重大な任務」と繰り返しながら、そのことへの言及がないことは不思議なことである。このことについては、後にダライ・ラマの親衛隊長に就任したことなどが、偶然の出来事のような話になっているのがかえって不自然である。何らかの密約が交わされ、後にそれを隠そうとした陰謀があったのではないか。それはチベット側の親英路線よりも、日本側の日英同盟の事情によるものと思われる。

そのころ、川島浪速は、粛親王を擁して第一次満蒙独立運動を計画して実行に移したが、日本政府の計画中止の命令により挫折していた。粛親王とは義兄弟の契りを交わし、大正三(一九一四)年には粛親王の第四側妃の子で第十四王女である愛新覚羅顯玗を養女としてもらい受け、川島芳子と名付ける。芳子は後に「男装の麗人」「東洋のマタ・ハリ」「満洲のジャンヌ・ダルク」などと呼ばれ、出雲出身の田中隆吉と交際して日本軍の工作員として諜報活動に従事し、第一次上海事変を勃発させたといわれている。この田中隆吉の工作について、川島浪速、矢島ラインとの関係は不明である。

大正五（一九一六）年三月、矢島保治郎は三十三歳で結婚した。相手はラサの豪商ツォンペン・オンジュの次女ツァムチュ（ノブラー）二十二歳である。おそらくチベット娘と結婚した日本人としては最初のことであろう。ちょうど一年後男児が生まれた。矢島は「意志信」と命名した。ダライ・ラマの尊称「イシーノルブ」に因んでいる。これは不敬罪にもなりそうなことであるが、法王は咎めることもなく「意志信、意志信」と頭に手を載せる儀礼を賜り愛撫されたと言われているので、よほどのことである。

大正8年、妻ツァムチュ（ノブラー）と意志信（写真提供：チベット文化研究所）

やがて、軍事顧問の矢島の栄華も衰退に向かった。

日本人が暗躍していることにイギリスのインド政庁が横槍を入れてきたのである。チベット政府は何とかごまかしを続けてきたが、強引な追放要求に従わざるを得なくなった。チャンタ参謀総長は矢島に「チベット軍は兵器が不備である。ラサに兵器工場を設けて自ら生産したいので、君は日本に帰って職工を連れて来てもらいたい」と話を持ちかけた。矢島は事情を察知し承諾した。兵器工場計画とは、帰国の口実であり、面子を立てる厚意でもあったのだろう。法王からも帰国を促すような言葉があり、矢島は法王に迷惑をかける訳にはいかないと考えた。

チベットがイギリスの傘の下からでられない国になったのは、日本政府がチベットに冷淡だったことで法王の失望を買ったことも一因であろう。法王は本願寺の大谷光瑞を介して日本に信頼を寄せ、青木文教を通じても武器の購入や技術者の来蔵を求めたが、日本政府はイギリスへの遠慮と、光瑞の山師的性格からこれに応じなかった。そればかりか光瑞が多額の債務と疑獄事件にからんで失脚すると、本願寺の留学生派遣も中止とした。法王はこれを不満とし、イギリス一辺倒に政策を切り替えたようだ。

矢島にはどうにもならない情勢の変化であった。参謀総長の言葉を拠り所に、兵器職人を引き連れて三度目の入蔵を果たす日を待つしかない。大正七（一九一八）年十月末、矢島保治郎は妻ツァムチュ（ノブラー）、息子意志信を連れラサを発った。多田等観が見送ってくれた。六年前にトウガラシ売りとさまよった道などを馬の背に揺られて折り返した。

ダージリンからカンチェンジュンガ

十一月末カルカッタに着くと在留日本人が感激して集まった。鹿子木員信という人が矢島の実績を空前の快挙だと絶賛し、慰労とチベット事情聴取の会を催し餞別も集めて贈った。鹿子木は大アジア主義の思想家でインド独立運動推進のために来ていたが、実は日本人で初めてヒマラヤに入った人でもある。ダージリンからゴーチャ峠を越えタルン氷河からカンチェンジュンガ東尾根チンセップ（五八三六メートル）登頂を目指し敗退して戻っていた記録があり、照らし合わすと滞在時期が一致している。

矢島一家は大晦日にアヤハ丸でカルカッタを出航し、大正八（一九一九）年一月二十四日、室蘭に入港し帰国した。十年間郷里に帰らなかった間に父母とも亡くなっていた。力行会の会長島貫兵太夫も大正二年に死亡していた。川島浪速は信州に隠退しており、与えられた任務の報告もできなかった。

勾玉はどうなったのか。おそらく今もチベットのどこかで眠っているに違いない。晩年のダライ・ラマ十三世の写真に、首に勾玉のようなものを付けているものがある。小さく画像が悪く判別は困難ではあるが、もしかしたら法王に献上できていたのかもしれない。しかし、我が出雲族の親族、「山王寺のス」が託した「チベット独立において出雲族、日本国が支えるという証」としての役目は果たされなかった。

出雲族の口伝と「くまくましき」のこと

河邊神社にある「くまくましき谷」の図

祖父との幼少の頃の思い出の中に、熊谷の本家で一緒に風呂に入ると必ず言われた言葉がある。記憶の中は祖父から直接聞いた話と、父が祖父から聞いた話とが混在しているが、言葉のひとつひとつを思い出してみると、出雲弁のズーズー弁の口調が頭の中で再生され、どちらの言葉だったかが判別できる。祖父から聞いた話は次のようなことだ。

●出雲族は昔、大陸で氷の山に囲まれ生活していたが、戦いを避けて長い時間を経てここ出雲に戻り出雲の國を造った。

●出雲族はオオクニヌシの子孫だ。オオクニヌシは戦いを避け國を譲ったので日本はひとつになれた。争いは最後まで避けねばならない。出雲族は争いごとでは身を引いて和をなした民族だ。

●戦争はどの世代でも必ず起こる。戦争ではその前と後が大事、親族の争いと同じで終わりはなく歴史はずっと続いていくもの。

●学校や社会でも人と争うことがあったら争いの前と後のことも考え、まず自分が我慢しなければならない。たとえ己が優れ正しいとしても相手に対して一歩譲り、相手が自立できるようにするのが出雲族の役目だ。これは国としても同じだ。

●お前は長男なので理解できる年になったら詳しく出雲族の口伝を教える。

父親から聞いた祖父の言葉

◉出雲人は粘り強く仕事を全うする民族だ。満州では周りは皆仕事の要領がよく見えたが、出雲人は人が休んでいるときもコツコツ根気よく仕事を続けたので、最後は早く正確に仕事を終えることができた。

◉他の民族と協調し争ってはいけない。出雲人が國を譲ったので人々は争いをやめた。満州人も蒙古人もチベット人も親族と同じなので兄弟喧嘩になると考えること。他民族の自立を応援しても自らの欲は出してはならない。他民族の土地を侵してはならない。

◉祖父はいろいろな民族と交流したらしい。蒙古の家族に世話になったことがあると聞いた。民族の自立と講和はできると考えていた。しかしどこかで間違え、昭和には悔やまれる戦争になった。争いごとはその前と後が重要と言っていた。

以上のようなことが記憶にあることだ。そして、父は不思議なことを言ったことがあった。その時は特に興味もわかず、きちんと聞かなかったことを今となっては後悔している。それは、父にチベット土産の天珠を渡した時、子供の頃、同じようなものを祖父が持っていたという話だ。チベットに頻繁に通うようになり、そのことを思い出し、すでに認知症を発症し恍惚の人になりつつあった父から話をゆっくり聞いてみようと思った。春の陽気に誘われ、父を車に乗せ、父の記憶に残っていると思われる場所を訪れる小旅行に出た。父の人生において重要と思われる場所を訪れることで、脳を活性化させて記憶を蘇らせ、まだ私が知らない父の記憶を聞いてみたいと思ったのだ。不思議なことに私の方が抵抗もなく何でも父に聞ける気分になっていた。父が定年まで働いた職場の前で車から降ろしてみた。高度経済成長期の会社人間であったはずなのにぼんやりと眺めるだけで反応は弱かった。

足立美術館の借景「亀鶴の滝」

足立美術館に立ち寄った。父はここが好きだと聞いていたからだ。足立全康氏の「庭園もまた一幅の絵画である」という信念のもと手入れされた日本庭園は借景の山を含め整備されている。視界に入る山にも電線や電柱などの人工物は見えない。この借景の構想に父も関わったと聞いていた。足立美術館の北側に車道を挟んで亀鶴山と呼ばれる小山がある。ここに熊野の那智の滝を模したとされる「亀鶴の滝」という落差一五メートルの人工の滝がある。館内から見ると枯山水庭から連続した借景であるが、外に出て見ると幹線道路をはさみ、それを越えたところに隠れていたコンクリートの人工物が露出している。ここで車を止め、亀鶴の滝を眺めながら「あの水はどこから来るのだろう」と父に聞いてみた。するとコンクリートの地面を指さし「ここに強力なポンプを使った循環装置を入れちょう」と答えたのだ。それから車の中では、背景の山には高圧線のない方向を選び、電柱電線は全部隠れるように配置したことなどを饒舌に語り出したのだ。会社のオフィスよりも現場の方が仕事について思い出すようであった。

上熊谷衛星写真（Google Map）

父が育った熊谷ではさらに認識ははっきりしていた。河邊神社には昔のままの作法で丁寧にお参りし、氏神のクシイナダヒメの由緒についても正確に覚えていた。ここで「斐伊川は何故この熊谷で湾曲しているのだろう」と聞いてみた。すると「そこんとこで車止めてみっさい」と言い、車を止めると窓からのぞき「あら竹藪で見えんやになったのお、あそこにがいいな（大きな）岩があって、あれが固いだけん勾玉の形に曲がったもんだと伝わっちょうわ」と言う。これは初めて聞いた話であった。昔からここの湾曲部についていい伝えがあったのだ。そして車は祖父の里、山王寺の棚田に向った。「子供の頃、山王寺に行ったことがあるかね？」「そら親父の里だけん何回も行ったわや」「どうやって行くだ？」「まあ歩いて行ったもんだ。自転車でも行っただども坂がキツて……」

山王寺の棚田展望台に着いた。もう日が傾きかけていた。ここで父にチベット天珠を見せて祖父が同じようなものを持っていたかと聞いてみた。しかし祖父が持っていたという話は忘れてしまっているようだったが、新たな話が出てきた。山王寺のスが満州で大陸浪人になりチベットに行こうとして帰って来ないので、その消息を祖父が満州で調べていたかもしれないというのだ。その山王寺のスは何のためチベットに行こうとしたのかと聞くと、我々の祖先はあっちの方から勾玉を持って来たという口伝があるからだと話したのだ。

日が落ちたので山王寺を後に車で山道を下っていった。すると父は暗闇とともにまた恍惚の中に戻ってしまったようだ。「ここはまたえらいザイゴだのお（すごい田舎だなあ）。きゃんとこに（こんな所に）住んじょうザイゴがお〜かや（田舎者がいるのか）」と自分の親の里のことを言うので、思わず笑ってしまった。

出雲族の口伝というのは、語り部が伝承したものとされるが、出雲神族や宮司家などでは長男から長男へ語り伝えるものでもあるという。祖父が私の幼少期にいずれ詳しく伝えると言ってはいたが、本家には跡継ぎがあったことと、分家の父は正確には伝えられていないこともあり、私も正式に系統的に伝えられる機会を失った。ただ断片的に聞き及んだことはあるものの、記紀、出雲風土記神話との混交も多い。

出雲族の口伝については、司馬遼太郎が『歴史の中の日本』（中公文庫、一九九四年）の冒頭に「生きている出雲王朝」として産経新聞社の同僚だったW氏（当初はうちの家系？と思った）のカタリベについて紹介している。おそらく出雲族の口伝について最初に紹介された一般書であると思われる。この中で司馬遼太郎はツングース人種として出雲族を語っている。天照系の大和王朝でも第二次出雲王朝の出雲大社の宮司家でもなく、大国主系の第一次出雲王朝の口伝の存在としてW氏について書いている。この口伝については、後に吉田大洋というジャーナリストが取材し、『謎の出雲帝国～天孫一族に虐殺された出雲神族の怒り』（徳間書店、一九八〇年）として記録している。司馬遼太郎がなぜかW氏とした人はここでは富氏となっている。また、富家の子孫であるという人が書いた、斎木雲州著『出雲と蘇我王国——大社と向家文書』（大元出版、二〇一二年）が「向家の伝承」を残している。

この「出雲神族の口伝」の歴史的、学術的な信憑性にはまだ疑問符が付く。特に吉田大洋氏には古事記がシュメール語で読めるという持論があり、それを富家の口伝の中に求めていたようにも読める。一方、富家の子孫の斎木雲州氏は、吉田大洋氏が持論と富氏の話を混ぜて書いてしまったため、真実の日本史を伝えるために書いたのだという。なお、「富家文書」（古代文化叢書）という鎌倉期以降の富氏の古文書の写しが島根県古代文化センターの手で書籍化されているという話があるが、私はまだ確認してはいない。

ただ、『謎の出雲帝国』の中の記述にも、祖父で途切れた口伝と共通性があり、今となっては口伝の元は同様ではなかったかと推測している。幼少期の私には固有名詞は理解できず、詳しく伝わらなかったが、その意味するものとしては、富家の口伝とされるものが連想されるのだ。その富家の口伝の要点は以下のようなものである。

出雲神族の渡来

◉この世界が一夜にして氷の山になった。大祖先であるクナトノ大神は一族を引き連れて移動し氷の山を越え何代もかかってたどりついたのが出雲の地であった。(約四千年前)

◉クナトノ大神はこの地に住んでいた人々に、鉄の取り方、布の織り方と染色、農耕の方法などを教えた。

◉出雲人に戦いの歴史はなかった。生活が向上したことでクナトノ大神は王に推された。

習俗と祭祀

◉首長は「カミ」と呼ばれた。毎年十月に各国のカミが出雲に集まり、その年の収穫物の分配について話し合い、多い国は少ない国に分配した。(神在月)

◉その時祖国(高天原＝遠い海の彼方)をしのんで竜蛇(セグロウミヘビ)を祀るのが習わしであ

った。（これが現在の神迎神事）

◉王が他界するとツタで篭をあみ、遺体を入れて、山の頂上の高い檜に吊るした。三年過ぎると篭から下し洗骨して山の大きな岩の近くに埋めた。山は祖先の霊が眠るところである。（カンナビ山）

◉勾玉は祖先の幸魂、和魂、奇魂、荒魂を表し、王家のみがつけることを許された。

スサノオの侵攻

◉スサノオが砂鉄を奪うために朝鮮から馬を連れて、須佐の港にやってきた。ヒイ川の古志人が暴れ、テナヅチ、アシナヅチが助けを求めたので、スサノオがこれを制圧した。スサノオはテナヅチの娘（クシイナダヒメ）と結婚した。

ホヒ族の侵攻

◉天孫族が九州から船で攻めてきた。その前にやってきて王の娘と結婚していたホヒが手引きをした。（出雲国造家の祖）

◉稲佐の浜で戦ったが、オオクニヌシはコトシロヌシに「これ以上出雲人が殺されるのを見るのはしのびない、国（王位）を天孫族に譲ろうと思う」と相談した。

◉コトシロヌシは当初は反対したが従い、天孫族に呪いの言葉を残し、敵将の前で海に飛び込み自殺した。

◉オオクニヌシはウサギ峠のほら穴に閉じ込められて殺された。

◉ミナカタノトミノ命はゲリラ戦を展開しながら越に後退し、のちに信濃を平定して第二出雲王朝を築いた。

神武の侵攻

◉ホヒ族とは次第にうまくいくようになったが、今度は神武が九州から攻めてきた。

◉我々は穴門（長門）で迎え戦った。神武は防府、河内、熊野などで六人死んだ。七人目の神武は強かった。その上、「カラの子」と呼んでいた朝鮮からの渡来人ヤタガラスが神武の味方についた。

◉彼らは和解すると見せかけては次々と出雲人を殺していった。まことに陰険で残酷であった。王のトミナガスネ彦は大和を神武にゆずって出雲へしりぞいた。王は出雲で亡くなった。神武は橿原で即位し大和の王になった。

この富家の口伝は、富家を中心にした物語として成立しているが、祖父で途切れた出雲族共通の口伝も、おそらくこれに近いものではなかったかと推測できる。出雲族の勾玉を伝える財筋の口伝は、それぞれの家系でそれぞれ伝承されて来たと推測されるが、秘め事であったため、体系的に検証されることは無かった。

神社本庁は現在、オオクニヌシの国譲りについて、以下のように簡単に紹介している。

天照大御神は、孫の瓊々杵命に豊葦原水穂国を治めさせようと考えられ、建御雷神と天鳥船神に命じて、様子をうかがわせた。二柱の神は、出雲の国稲佐の浜に降ると、剣を抜き、その剣を波間に逆に刺したて、その先にあぐらをくんで座った。そしてこの国を治めている大国主神に、この国を天神の御子に譲るかどうかを問うた。大国主神はしばらく考え、もし自分の子どもたちがよいというのであれば、この国は天神の御子にお譲り致しますと答えた。大国主神には、事代主神と建御名方神という二柱の子供がいたが、そのうち建御名方神は、力じまんの神でなかなか納得しなかった。そこで建御雷神と力競べをすることになった。建御名方神が、建御雷神の手をとると、氷のようになり、剣の刃のようになった。これはたまらず建御名方神は、父である大国主神の命に従うことを約束した。その後、建御名方神は信濃国に移り、信濃国の国造りをした。このことを大国主神に告げると、大国主神は自分が隠れ住む宮殿を、天神の住む宮殿のように造ることを願い、そこに移り住むことにした。こうして出雲の国は、天神の御子瓊々杵命に譲られたという。国譲りは、大国主神が治めてきた豊葦原水穂国が天照大御神の御子に譲られる経緯を語り伝える。大国主神が移り住んだ宮殿は、出雲大社として平安時代の書物には、当時日本一大きい建物と記されている。また、信濃国に移った建御名方神は、諏訪神社にまつられ、全国各地

かつての出雲大社の想像模型（島根県立古代出雲歴史博物館）

でも「お諏訪さま」と呼ばれ広く親しまれている（神社本庁サイト「国譲り」より）。

一般的に、『記紀』の出雲神話では「国譲り」はこのように説明されているが、富家など出雲神族の口伝は細部でかなりの差異があることになる。

出雲大社が「日本一大きい建物」と平安時代の書物に記されている点について興味深い考察がある。出雲大社社伝によると、古くは御社殿の高さは三十二丈（約九六メートル）、その後、十六丈（約四八メートル）もあったと伝えられている。三十二丈については、本殿背後の八雲山に並ぶ高さなので、さすがに無理がある。あるいはご神体の八雲山自体を指しているのかもしれない。十六丈については、平安時代の藤原摂関家の教師であった源為憲により書かれた『口遊《くちずさみ》』という指南書に、平安時代の巨大建造物の順位が、「雲太・和二・京三」と記されている。すなわち「雲太」とは「出雲太郎」の略で、出雲大社の神殿のことと言い、「大和二郎」の東大寺大仏殿、「京三郎」の京都御所大極殿より大きかったと明記している。また、宮司家の出雲国造・千家家には、その当時の建築平面図といわれる「金輪御造営差図」が遺されている。あまりにも巨大であるため、三本の材木を合わせて一本の柱をつくり、それを金輪で束ねるという構造を描いた図面だ。

この『口遊』「雲太・和二・京三」を井沢元彦氏は『逆説の日本史』（小学館、一九九八年）の中で、聖徳太子が制定した憲法十七条の条文にそのまま当てはめて考察している。

一に曰く和を以て貴しと為す。

二に曰く篤く三宝を敬へ、三宝とは仏・法・僧なり。

三に曰く詔を承りては必ず謹め、君をば天とす。

仏教を導入し天皇中心の中央集権国家の形成を意図したものであるにもかかわらず、「仏教」より、「天皇」よりも、「和」が先に来ているのは何故なのか？　『口遊』の順と同じく出雲大社＝和なのである。これは国譲りで抹殺されたオオクニヌシの祟りを恐れ、怨霊鎮魂を「和」に変換し一番初めに持ってきたのだとしている。この考察を知った時、私は真っ先に祖父の口伝、「戦争は避けねばならない。出雲族は争いごとでは身を引いて和をなした民族だ」に思い至った。

オオクニヌシが稲佐の浜で国を天孫族に譲ると決心した話、「大国主神の国譲り」は『古事記』『日本書紀』に書かれている。また、『出雲国造神賀詞』では大穴持命《オオクニヌシ》は国譲りの後に、八百丹杵築宮（出雲大社）に鎮まり留まったとある。『日本書紀』ではこのくだりは、「吾、以此矛卒有治功。天孫若用此矛治國者、必當平安。今我當於百不足之八十隅、將隱去矣」（原文）とあり、現代語訳すると「私はこの矛で、事を成しました。天孫がこの矛を使って国を治めれば、必ず平定出来るでしょう。今から私は百不足之八十隈《モモタラズヤソクマデ》に隠居しましょう」となる。ここで「八十隈《ヤソクマデ》」とはどういう意味で、どのような状況であるかはとても重要なことと思われる。

「八十隈」は今の出雲大社のオオクニヌシの祀られ方をも表している。出雲大社本殿平面図を見ると、田の字型の部屋の中央の心御柱から東に延びる板仕切りの奥に御神座はあり、オオクニヌシはそこで逆コの字の奥に西を向いて鎮座されている。一般的に神社の参拝は「二礼二拍手一礼」だが、出雲大社の正式な参拝作法は「二礼四拍手一礼」となる。四拍手は、逆コの字の奥のオオクニヌシに届くための道順とも考えられる。

この「八十隈」の隈《クマ》は実は私が長年追っていた言葉である。『出雲国風土記』の中で我が本家「熊谷郷《くまたにのさと》」を記載した部分、「甚《いた》く久麻久麻志枳《くまくましき》谷なり」の「クマ」である。熊谷はC字（逆コの字）型に湾曲した斐伊川に囲まれており、これを表現している。風土記では「隈々しき」は「お産にふさわしい」の意とされ、オオクニヌシがお生まれになるにふさわしい、と解釈されてきたが、現地を知る身としては、どうも納得がいかなかった。「くまくましい」は斐伊川が「曲がっている」を表し、この「曲がっている」に隠された意味があるのではないかと思っていた。それで、『日本書紀』の国譲りのくだりを読んだとき、「八十隈に隠れて《ヤソクマデ》」という記述を発見して仰天

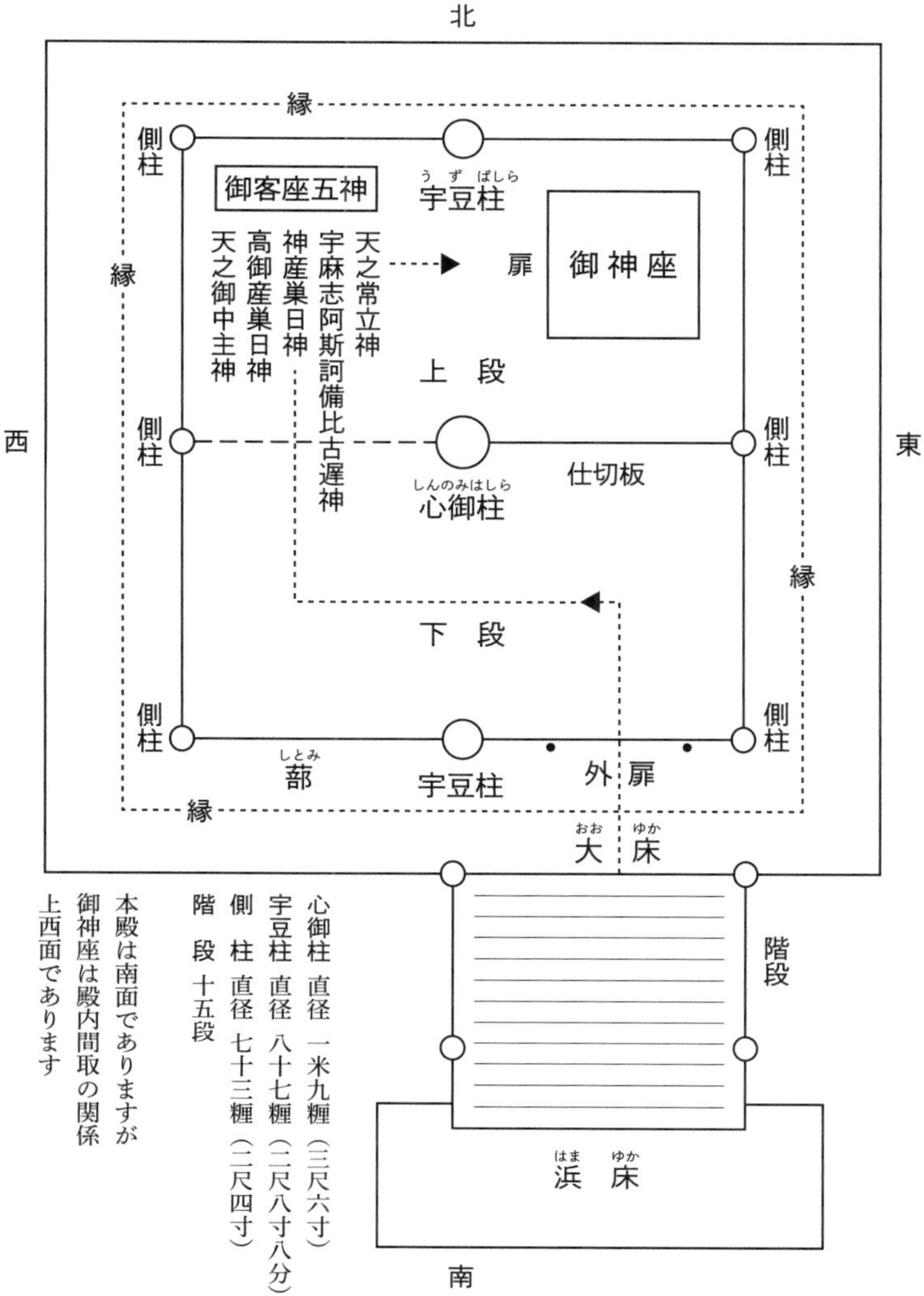

出雲大社本殿平面図（千家尊統『出雲大社』〔學生社、1998〕より描き起こし）

した。「隈」は逆コの字、C字型を意味しており、勾玉の形でもある。オオクニヌシは「隈」で生まれて「隈」にお隠れになっていたのである。日本古代史研究家の関和彦氏も熊谷の「くまくましき谷」は出雲本殿の「やそくま」を考える上で参考になると述べている（関和彦『増補改訂版／新・古代出雲史──『出雲国風土記』再考』藤原書房、二〇〇六年）。

そしてそれは勾玉の形状とも関係するように思えるのである。祖父が「勾玉は大事だ」と言っていたのは、オオクニヌシからつながる出雲神族、勾玉を伝える財筋の口伝として、「隈」で生まれて「隈」にお隠れになったオオクニヌシの御魂を、勾玉が象徴していたからに違いない。

チベットからヒマラヤを越えた少年僧

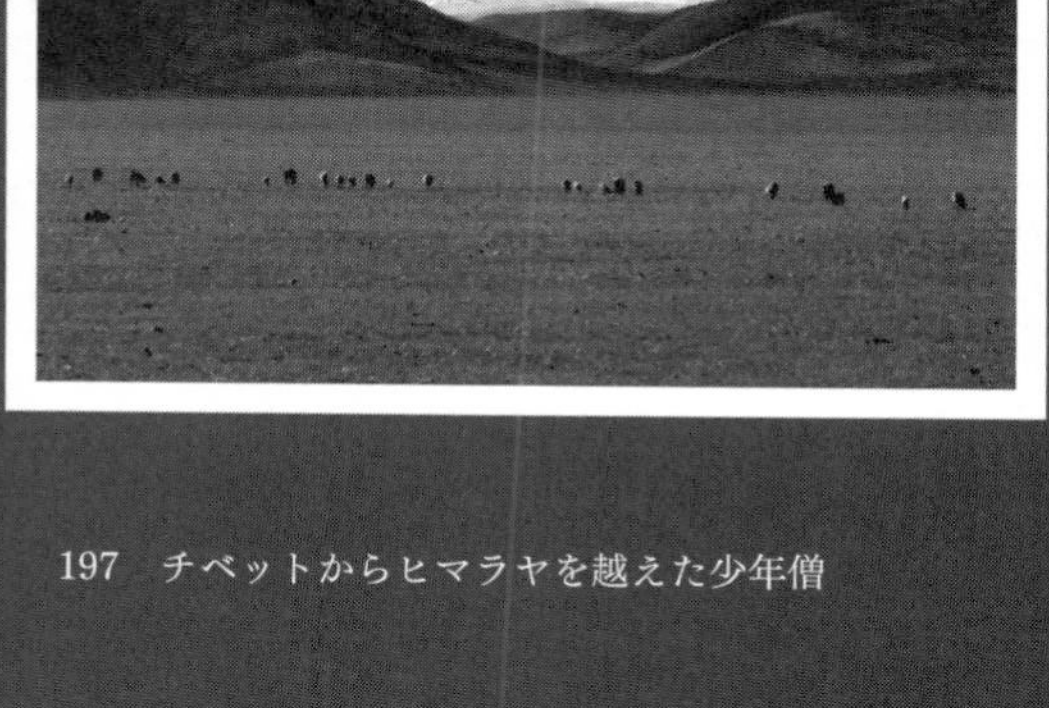

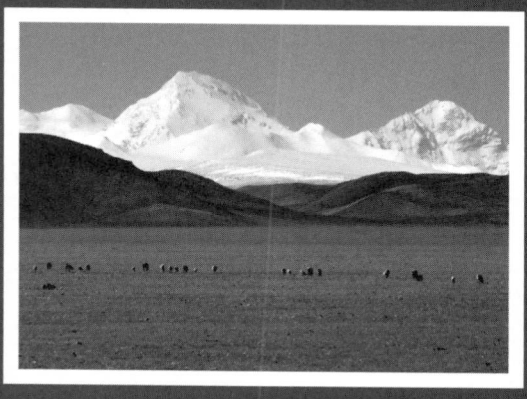

チベット高原西部よりヒマラヤ北面を望む

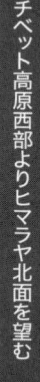

アムドの僧院にて（後ろにダライ・ラマ法王の写真）

私がナワンと初めて会ったのは二〇〇八年だったと思う。北京オリンピックを前に中国の人権問題が浮上、フリーチベットの気運が日本でも高まっていた。その団体が集会をやっていたので顔を出してみた。そこにたまたまチベット人のナワンもいた。初対面でも誠実な人柄が滲み出ており、それから親しくなるのに時間はかからなかった。身近にチベット人の友人がいるというのは唯一無二のことだったので、ナワンと親しくなった縁は貴重なことであった。チベット仏教の山岳信仰や、山の神のことについて聞いたり、チベット経文を解読してもらったり、チベットの僧侶の生活や、村の風俗などを教えてもらったり、地元に生身のチベット人がいることは求めてもなかなかない縁だ。

アムドの村のユラ

つい最近のこと。私は、ああそうだ、勾玉のことをナワンは知らないだろうかと、ふと思い、「チベットに勾玉がないかを調べていたのだけど、見たことないよね」とスマホを取り出し、出雲勾玉の写真を見せた。すると、なんと「ありますよ！」という直球が返ってきた。

「えっあるの？　チベット語で何と言う？」

「ノルブ・ガンチです」

「えっ、ノルブは宝とか宝石の意味だから、ガンチってもしかして、曲がるの意味？」

「そう、曲がってるという意味」

なんと、曲がっている宝石……勾玉そのものの意味ではないか。

そしてナワンは、私と一緒に行った彼の故郷の山のユラ（産土神）と勾玉との関係について語ってくれたのである。

ナワンは一九七八年夏、中国の行政区でいう甘粛省甘南チベット族自治州の遊牧民の村で生まれた。黄河上流域でアムネマチン山麓を下った河岸段丘に村はある。生まれてすぐゴンパ（僧院）にあずけられたので、もの心つくと寺の人だった。

数え歳八歳の得度式の際、儀式のため出席した家族に初めて対面する。家族はいないものと思っていたので混乱し苦悩がはじまった。たまたま僧房でダライ・ラマ法王の教えの本が回覧されてきて、ちょうどナワンが所持していたときに公安の検査があり、危険思想図書所持ということで補導される。これが原因で子供ながらダライ・ラマ法王に会ってみたいと思うようになった。そして法王のいらっしゃるインドに行きたいと無謀なことを思い立つこととなった。

一九八九年、誰にも言わず一人で僧院を出発した。十一歳の彼にはインドがどこにあるのかも、どう行けばよいのかも解らなかったが、とりあえず約二〇〇〇キロメートル離れたチベットの都・ラサにたどり着いた。どこをどうたどったのかわからない。おそらくマチュ（黄河）沿いにさかのぼり、長江やメコン川の上流域を越えたのだろう。当時ラサは最も警戒が厳しい時期だったが、田舎から出てきた彼は都会のラサではこれが当たり前なのかと思ったらしい。実はこの年は中華人民共和国で初となる戒厳令がラサに布かれた大変な年（ラサ騒乱と天安門事件の年）であったのだ。そんな時期、一度目のヒマラヤ・国境越えの挑戦は、子供ながら人目を避けた夜行作戦を自然と考えた。徹夜で雪山をさまよい、ついにヒマラヤを越えたと、思った。夜が明けあたり

チベット高原からヒマラヤの連なりを望む

を見渡すと見覚えある光景。ワンデリング（登山用語で、意図せず自然に周回してしまう現象）で結局元の場所へ戻ってしまっていた。間もなく武警に見つかり拘束されてしまう。

二度目の挑戦はうまくヒマラヤを越えることができたがネパールに入って中国に通報され、送還された。この頃からネパール政府は亡命者より中国政府に協力せざるを得なくなっており、また逮捕される。二度の過酷な監獄体験後、忠誠を誓い解放された。

ラサで食うにも困っていると同郷アムド出身者の食堂のおばさんが親切にしてくれた。不思議なことにこの女性は彼がインドのダライ・ラマ法王のもとに行くつもりであることを見通していた。否定しているにもかかわらず顔に書いてあると、彼女の五歳の娘と七歳の息子を一緒に連れて行ってくれと言われる。十二歳になった自分だけでも死を覚悟して実行すべきか思い悩んでいたが、とても幼児を連れて生きて到達できる可能性はないと思い、行くつもりはないと断わり続けた。しかし、例え子供たちが死んでも、このままより良いから挑戦してくれと嘆願され、渋々引き受けることになった。

今までの経験と反省を活かし警備がもっとも手薄になる厳冬期を選び、行動は夜間だけとした。五歳女児、七歳男児を連れ十二歳のナワンをリーダーにどこからともなく集まった十六人のパーティーとなりヒマラヤ越えを決行。ナンパ・ラ（峠）を越えてネパールのロールワリンへのルートはかつての交易道だが、今は通報の恐れがあり、より西へ進んだ。どうやらチョーオユーBCからポゼ・ラ（峠）を越えてロンシャル・チュ谷へ抜けるコースを行くつもりだったのだろうと私は話から同定したが、どこかでルートを間違えたらしく広大な高原を行ったという。やがて急な斜面となり歩けなくなった七歳男児を背負い、比較的元気だった五歳女児の手を引き、暴風雪の中、ビニール袋で靴を包み、雪をラッセルして進んだ。途中食料のツァンパ（麦焦がし）が尽きてしまった。予備の食糧を仲間が落としてしまっていたのだ。そこで、ヒマラヤ越えに失敗し凍死している人の荷物を探ろうと提案するが、チベットでは遺体に触れることはタブーであり誰もしようとしない。僧侶のナワンが亡骸の荷物を探り、出てきた食料で食い繋いだ。ヒマラヤを越えネパールに下ると今度は急峻なゴルジュ帯に悩まされたが、ついに人里に到達した。一九九一年の正月になっていた。現在の登山家でも困難なことを、当時のチベットの田舎の少年たちがま

チベット高原から見たシシャパンマ北面、この右（西）からヒマラヤを越えた

ともな装備もなくやってのけたということは奇跡である。ルートは未だにはっきりしないが、ナワンにチベット高原からのシシャパンマ峰の写真を見せると、たぶんこの右を行ったというので、ランタン山群からガネッシュ山群の間のどこかを越えてネパールに入ったものと思われる。

ネパールのポカラで難民と認められ、やがてチベット亡命政府のあるインドのダラムサラに到着すると、ダライ・ラマ法王の謁見が叶った。法王から想像を絶する行動と労っていただいたが、感動の涙が流れるだけで法王の顔を見上げることもできなかった。ただ声を聴くだけで全身が奮い立ち、やがて安堵の気持ちに包み込まれていった。

インドでは南インド・カルナタカ州ムンゴットに再建されたチベット仏教ゲルク派のデプン寺やダラムサラの法王直属のナムギャル僧院などで修行を積んだ。ある日故郷チベットの恩師のラマが病気になったと情報が入り、心配のあまり自分の行動を悔いて村に帰ることを決めた。しかし、カトマンズまで来て身を寄せた寺で恩師の訃報を知らされる。途方に暮れていたところボーダナート寺院の近くにベロリン僧院を建立することとなり、それを手伝うことにした。仏像、壁画などラマの教えに従い、伝統教義に基づき忠実に再興することに責任者として腐心した。

寺は無事落成したので再度故郷に戻ることを決意し、その前に一度インドのダラムサラに戻り法王に謁見してから帰郷することにした。ここで奇縁が続き運命の歯車が大きく動く。ダラムサラへの道中で独りの外国人女性に道を尋ねられた。その女性は日本人旅行者で、その後も偶然何度か遭遇した。彼女は帰国後、親切に対応してくれた彼のことが忘れられず、英文で手紙を出し彼の寺に届いた。英語がわからないナワンとの間で寺の僧侶公開の代筆文通が始まった。チベット仏教では戒律で妻帯はできず、僧侶である彼は恋愛や結婚など想像すらしていなかったので峻拒しつづけた。しかし「縁に従うも仏の意」という高僧の示唆ある言葉に導かれ還俗。今はその縁により日本で、俗に入って俗に従い、就業し家族を養い暮らしている。

ナワンは日本で暮らすうちに日本の義務教育の制度を知り感動した。故郷の遊牧民の環境変化を見て、遊牧民にも教育がなければ現在の中国の中にあっては将来がないと思うようになった。

マチュ（黄河）のほとりの遊牧民の土地

現在村にはおよそ三五〇世帯程の人々が遊牧民として暮らしている。僻地の遊牧民の環境下では、子供たちが学校教育を受ける制度が成り立っておらず、一度も学校教育を受けないまま成人し生活しているのが現状だ。ごく少数の子供たちは、遠い地域にある学校に通うため、家族と離れて寮生活をしている。

二〇一〇年十一月、村への学校設立を実現することを目標とした会を発足。日本人に遊牧民の生活や現状を見てもらう機会を設け現地視察を企画し、私も何度か同行した。二〇一五年十一月幼稚園を設立し、また、二〇一七年九月には小学校が開校し新入生を迎えることができた。彼の提案の元、あくまでも地元の人々から面子を重んじる中国の地方政府に働きかけることで曲りなりにも教育がスタートした。また、厳しい冬には家を出る習慣のなかった子供たちのために、防寒着となる冬用「チュパ」を贈るプロジェクトを起こし、新入生全員に寄付することができた。今後も新入生のためにプロジェクトは継続し、資金だけを提供するものではなく現地の人々と共に模索しながら教育支援を行っていくとのことである。

唐の詩人李白が〝君見ずや黄河の水天上より来たり〟と詠み、古来多くの旅人が源流を求めた黄河は、チベット高原青海省のバヤンカラ峠から始まり全長五四六四キロメートル、巨龍が蛇行するように流れ渤海に注ぐ。黄河はチベットではマチュと呼ばれ、源流からアムネマチン山麓を抜け下ったところにナワンの故郷の村がある。この地域は黄河の流れが大きく北に方向転換する区域で広大なチベット遊牧民の土地だ。

二〇一六年夏、車で四川盆地の成都から阿壩《アバ》チベット族羌族自治州のキルティ・ゴンパを経て、黄河上流域の甘粛省甘南チベット族自治州へ入った。村の入口でナワンは車を止め、どこかへ消えた。聞くと村のユラ（産土神）である山、ジョブゾム・ルプシュ神に帰郷の挨拶に祈りをささげたという。チベット仏教に産土神、氏神様がいるのは日本人にとって同じ神仏習合文化として興味深い。仏教の修行の妨げとなる魔から土地を守る山の神で古来のポン教の影響が残る。

このあたりの山々には神山として名前が付いているものが多い。七人姉妹の名のドゥンポモプンドドン、ケサル王が弓を引き馬のたてがみの毛が落ちて山脈になったという伝説のタルノク、牧畜の神ノルタクという名の神山もあった。ここはかつて玉《ぎょく》の採掘が行われたそうだが、山が荒ら

村のユラ、ジョブゾム・ルプシュ神は勾玉を付けている？

されることを恐れたラマが祈禱で神を憑依させ採れば祟りがあるようにしたのだという。それでここでは今はもう玉の採掘はされず宝石も造らなくなったそうだ。

チベットに「ノルブ・ガンチ（曲がった宝石）」という勾玉があるというナワンはあの時一緒に訪問した彼の故郷の神山について話を続けた。

「ノルブ・ガンチはどんなところにある？」

「山の神様・ユラのタンカ（仏画）にも描かれている」

「ええっ？　ユラ、産土神に？　今まで見たことがないけど」

「私の村に行ったとき、村のユラはジョブゾム・ルプシュ神だと話したでしょ。この神がノルブ・ガンチを付けている」

「えっ、あそこは玉《ぎょく》が採掘されるから？」

「それはわかりません。今は採ってはいけないから」

チベットの旗「雪山獅子旗」

仏法を守る護法尊にも稀に勾玉を付けたタンカが存在しているらしい。チベットでは勾玉は、仏教の修行の妨げとなる魔から土地を守る山の神、産土神に託されていたのだ。

なんということだ、私が長年研究していたチベット土着の神山・ユラが勾玉と関係があったのだ。この時この不思議な縁に涙が急に溢れて来て、それをナワンに隠すのが精いっぱいだった。

「それとチベット国旗の中にも描かれています」

「えっ？　あっあの雪山獅子旗の獅子が持っている陰陽太極図みたいなやつ？」

「そう、あれはどう見てもノルブ・ガンチが二つ合わさっているでしょう」

何故今まで気付かなかったのだろう。何ということだろう、矢島保治郎に託した我が出雲族の勾玉は、矢島が考案のきっかけとなったチベット旗の中に、ちゃんと描かれているではないか。チベットでそのノルブ・ガンチは「因果の法の支配者による法の規程を表す。そこには無限の恩恵と平和の源である十善業法と十六浄人法が根底にある」という仏教解釈として成立している。これは出雲の勾玉の意味を考える上で示唆を得る思いでもあった。

出雲の我が祖先が伝えた勾玉が、今はチベットの平和の象徴としての雪山獅子旗として永久に残ることになっていた。氷の高山の国から勾玉を伝えて出雲に辿り着いた出雲族、その勾玉が再び氷の高山の国に戻っていたのである。

私はチベットを訪れるうちに各地の「山の神様・ユラ」に出会い、ミイラ取りがミイラになったように、登山や探検よりユラに魅せられていった。このこと自体がかなり特異なことではある。そして出雲神族の口伝や勾玉のことについても忘却の境界のふちにあった記憶が突然蘇った。まるで「チベットのユラ」と「出雲神」がしめし合わせて気付かせたかのようだ。矢島保治郎の娘さんが、未発表の遺品のチベット国旗の資料を送ってこられたことも不思議なことである。また、祖父の日記が百年の時を経て突然発見されたことは、業を煮やした祖父のはからいのように思えてしまう。これらの不可思議さを追求することはあまり意味のないことだと今なら思える。ただそのまま受け入れ、何かによって一本の方向に導かれていたのだと考えた方が平明なのである。チベット仏教的な考えではカルマ（業）であり、出雲が象徴する「出雲の縁《えにし》」であった。

このことを一番に伝えたかった、「勾玉は出てきたかや」と気にしていた祖父も、矢島保治郎から報告をもらえなかった山王寺の親族も今はもういない。あまりにも時間がかかり過ぎた。そしてこれを執筆中に父も母もこの世を去ってしまった。もう出雲族の口伝も、出雲族とチベットの関係も私の記憶の中だけのものになってしまった。今となっては新たな伝説としてここに記録するのみである。

エピローグ
アイデンティティとしての心の故郷は軸として縁起する

祖父が二十歳頃まで使っていた山王寺神楽面

「出雲國神仏霊場」という「社寺縁座の会」に参画した神社と寺の二十社寺がある。神仏、宗派を超えて連携し、出雲の国に古くから残る人と人との「ご縁」を尊ぶ心、「和」の心の大切さを、世界に向けて発信していこうという趣旨で設立された会である。出雲大峯・峯寺も第十七番として参画している。出雲大社の千家尊祐宮司が「縁道」と書をしたためられている神仏霊場巡礼帳がある。その出雲大社の項は「譲」の一文字で表され、次のように解説されていた。大国主大神様は〝譲りに譲る〟ことをもって神柄を磨かれた。「譲り」とは我執・我欲に囚われず霊止《ひと》＝人としての理の誠心にあるべき姿を成し顕すこと。一人は皆のために、皆は一人のためにと心縁を結ぶ〝和譲〟の祈りによって、和楽の暮らしに結ばれる。と書かれている。「和」と「譲る」を合わせて「和譲」という言葉があり、それが出雲大社に伝わる教えであったことを新たに知った。なお、「出雲國神仏霊場」二十社寺すべての巡拝が終わると満願記念の勾玉が授与される。

出雲族としてのアイデンティティは、ネイティブ・ジャパニーズの故郷のアイデンティティとして「和譲」を象徴しているように思う。私は自分の家系では最後の出雲族として、先祖が考えていた出雲族の役割を考えるようになった。譲って國を守ること、和をなすことこの二点の意味について、この現実社会の中ではどのように考えるべきなのだろうか。もっともらしいことを述べたところで、いつの時代でも、どの地域でも戦争・紛争は絶えない。核の抑止力というパラド

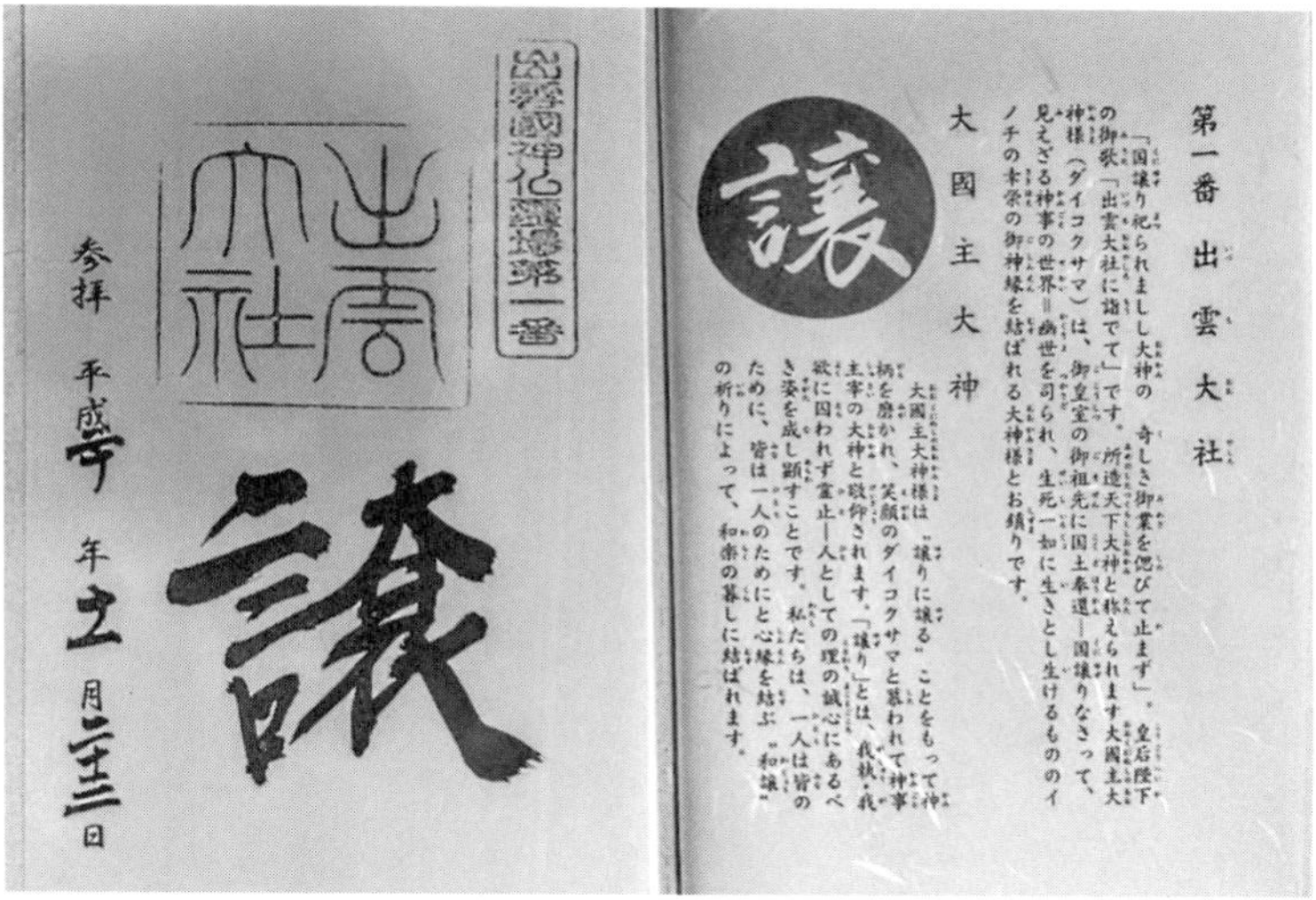

「出雲國神仏霊場」の巡礼帳の第一番

ックスで平衡している世界。生きとし生けるものの安寧を祈る仏教国チベットが亡国となった現実。平和ボケお花畑理想論にも排外的国粋主義にもない何かを求めていた。

「和」の第一歩は、他者を理解することであろう。ただ闇雲に他者を許容することではない。他者を理解するためには、比較の根本となる自己を知ることが必須である。海外で異文化に触れると、多くの地域で、自国の伝統精神、文化、宗教、価値観を学ぶことによって属するコミュニティでの自信を深めていることが理解できる。郷土愛、自国愛は、自らのコミュニティの素晴らしさを知り尊重することで、同様に他のコミュニティの伝統、文化、宗教などに対する敬意も自然と湧いてくるようになる。

「譲る」とは我執に囚われない「覚悟」であ

り、自己を知り愛した上での「利他」でなければならないだろう。しっかりとした自己を持つことで、異文化をただ脅威と感じて排除しようとする気持ちも生じなくなり、価値観が多様化する世界の中でも迷いを脱し、平和と調和を目指すことができるのではないだろうか。

チベットを歩いていると故郷の喪失とは何かということを考えざるを得なかった。それは「故郷」とは必ずしも祖国や土地だけではなく、自分の「軸」を形成するものだということだ。チベットは国を失ったかもしれないが、心の故郷としての軸は失ってはいない。むしろ、軸だけは失わないという覚悟が見える。故郷とは先祖から続く歴史と文化の象徴であり、先祖の物語でもある。反対に、たとえ国があったとしても、心の故郷を失うことは、軸を失い無関心となり、生き抜く力まで衰えることになるだろう。自分は何者か、人はなぜ生きるのか、何を目指せばよいのかということに故郷が大きく関わっているのだ。

今私たちが暮らす社会は、宇宙から突然現れたのではなく、気が遠くなるほどの長い過去からの、生身の人間の一人一人の振舞いが現在へと蓄積されてきたものである。時代時代で受け継いできたものを、より良い方向を求めて少しずつ取捨選択し適応してきたはずだ。それでいて先祖が守って伝えた故郷と教えは、切ないほどに持続可能なものであった。未来の世代の平和と調和のための一歩は、先祖の暮らしを振り返り感謝するところからはじめることではないだろうか。そして、子孫に残し伝えるべき今を正しく取捨選択することだろう。チベットと出雲を歩きその情景を思い浮かべると、痛切にそう思うのである。
偶然の縁起は、故郷という軸があったことで必然となっていたのである。そして、この必然はまた新たな偶然の命題を私に題し続ける。

渡部秀樹（チベット通称・辺巴《ペンパ》 秀《ヤクドゥ》）

あとがき

この物語において「矢島保治郎が勾玉をチベットに運んだ」という重要な部分は、現時点では客観的なエビデンスとなる直接の記録は得られていない。結論から読み解き、祖父や親族の口伝や記録、記憶を基に矢島の記録とやや強引に繋ぐと、話の筋が一本につながり納得できるということで記載した。したがってこの部分は学術的な裏付けはないので歴史小説の範疇と思って読んでいただきたい。また、出雲族の口伝なるものを史実としてとらえるという意図はなく、口伝が存在したということは何を物語っているのかということを考えてみたかった。これらの研究がさらに深まるよう今後も追究していきたい。

本書の執筆にあたっては多くの縁に恵まれ、文中に登場する方々、その関係者にご協力、お力添えをいただいた。現地調査での現地の人々、案内を担った方々、同行していただいた方々などの顔が浮かぶ。いつまでも平安であってほしいと願う。また、資料をまとめる上で多くの専門家の方々にもご助言をいただいた。特にチベットの歴史に関しては石濱裕美子先生の著書が随所で参考になった。他のひとりひとりのお名前をあげることができず申し訳ないが、これら多くの方々に深く感謝したい。出版にあたっては、集広舎の川端幸夫社長、坂本直子さん、岡村真人さん、玉川祐治さんに編集や校正、造本デザインを担当していただき大変お世話になった。この場を借りて厚く御礼申し上げたい。

二〇二四年　小正月

著者略歴

渡部秀樹（わたなべ ひでき）

一九六〇年、島根県松江市生まれ。松江南高校、福岡大学化学工学科卒。学生時代から登山を始め、アルプスでの登山が縁でアルパインツアーサービス（株）に入社。世界約六十か国に登山、トレッキング、調査隊として足跡を残し、特にチベット文化圏訪問は百回を超える。日本山岳会、日本山岳ガイド協会、横断山脈研究会、福岡登高会、福岡大学山岳会、チベット文化研究会などに所属。著書『ヒマラヤの東 崗日嘎布山群――踏査と探検史』（松本徰夫編著、辻和毅・渡部秀樹著、櫂歌書房、二〇〇七年）が秩父宮記念山岳賞を受賞。

ISBN 978-4-86735-052-2 C0036

西蔵《チベット》系《けい》出雲《いづも》族《ぞく》の伝説《でんせつ》

令和六年（二〇二四年）二月二十三日　初版発行

著者　渡部秀樹
発行者　川端幸夫
発行　集広舎
〒八一二-〇〇三五
福岡市博多区中呉服町五-二三
TEL：〇九二（二七一）三七六七
FAX：〇九二（二七二）二九四六
https://shukousha.com/

造本設計　岡村真人（アサヒデザインプランニング）
装幀・造本　玉川祐治（スタジオ・カタチ）
印刷・製本　モリモト印刷株式会社